闹翻天的梦幻国

主　编　周国欣

副主编　袁小芬

苏州大学出版社
Soochow University Press

图书在版编目(CIP)数据

闹翻天的梦幻国 / 周国欣主编. -- 苏州 : 苏州大学出版社, 2024.9. -- (阅读大课堂). -- ISBN 978-7-5672-4920-2

Ⅰ. G624.233

中国国家版本馆 CIP 数据核字第 2024PU8353 号

闹翻天的梦幻国 NAOFANTIAN DE MENGHUANGUO

主　　编：周国欣
责任编辑：刘一霖
装帧设计：武　源　马晓晴　刘　俊

出版发行：苏州大学出版社（Soochow University Press）
社　　址：苏州市十梓街1号　邮编：215006
印　　刷：苏州市越洋印刷有限公司
邮购热线：0512-67480030
销售热线：0512-67481020

开　　本：787 mm×1 092 mm　1/16　印张：11　字数：110千
版　　次：2024年9月第1版
印　　次：2024年9月第1次印刷
书　　号：ISBN 978-7-5672-4920-2
定　　价：30.00元

若有印装错误,本社负责调换
苏州大学出版社营销部　电话：0512-67481020
苏州大学出版社网址　http://www.sudapress.com
苏州大学出版社邮箱　sdcbs@suda.edu.cn

阅读大课堂

闹翻天的梦幻国

丛书总策划

朱绍昌

执行策划

顾 清　项向宏　刘一霖

特约顾问

纪学林

书香伴成长

同学们，你们已经拿到了这本盼望已久还飘着墨香的《闹翻天的梦幻国》，它将默默地陪伴你快乐成长。

每周读两个故事。拿到新书就开始行动吧！在上学期间利用中午、晚间或其他课余时间读。如果平时的阅读任务没有按时完成，节假日再利用一些时间补一补。每天的阅读内容至少要读三遍，直到自己能够满意地讲述为止。阅读比较长的故事，先每天读几页，等这则故事全部读完了，再把前面每天读的内容连起来读一读，讲一讲。

经常扮作小演员。要善于把读到的故事有声有色地讲给别人听。在家讲给家人听。在学校，如果只读了一则故事的其中一部分，就讲给同桌同学听；一则故事全部读完了，就及时讲给学习小组长听，让大家及时看到你的阅读成绩，分享你的收获和快乐。

勇于登上大舞台。学习小组、班集体、学校都是同学们的专设舞台。期中前后，同学们要争取在学习小组里表演一次。这本书全部读完，人人要力争在班级阅读成果评比时展示一回。每年读书节期间，学校组织讲故事比赛，大家都要争取代表班级到学校大舞台上绽放一下自己最美的风采。

人人坚信我能行。"书香伴成长"后面为你设计了"乐读优秀成绩嘉奖区"，由家人听你讲过后，按照你表现最优秀的那一次，及时为你点赞（在图案"♡"中填上红色），并签上名字。这本书读完了，把你讲得最满意的那一篇故事的题目记录在点赞区的下面。

同学们，用每天的坚持，塑造最优秀的自己吧！

乐读优秀成绩嘉奖区

目录序号	讲述日期	真心赞起来	点赞人签名	目录序号	讲述日期	真心赞起来	点赞人签名
1		♡		12		♡	
2		♡		13		♡	
3		♡		14		♡	
4		♡		15		♡	
5		♡		16		♡	
6		♡		17		♡	
7		♡		18		♡	
8		♡		19		♡	
9		♡		20		♡	
10		♡		21		♡	
11		♡		22		♡	

我讲得最满意的那一篇题的目是：_____

目 录

大课堂　阅读指导 ……………………………… 001

1. 拇指姑娘 ………………………………… 002
2. 坚定的锡兵 ……………………………… 007
3. 癞蛤蟆 …………………………………… 011
4. 老头子做事总不会错 …………………… 016
5. 亚麻 ……………………………………… 021
6. 野天鹅 …………………………………… 024
7. 补衣针 …………………………………… 031
8. 谁是最幸运的 …………………………… 034
9. 小意达的花儿 …………………………… 037
10. 丁香花 …………………………………… 041

大课堂　交流分享 ……………………………… 048

11. 稻草人 …………………………………… 049
12. 小白船 …………………………………… 061
13. 一粒种子 ………………………………… 069
14. 芳儿的梦 ………………………………… 076

15. 鲤鱼的遇险 …………………………………… 084

16. 眼泪 …………………………………………… 094

17. 画眉 …………………………………………… 103

18. 花园外 ………………………………………… 112

19. 祥哥的胡琴 …………………………………… 121

20. 快乐的人 ……………………………………… 131

21. 古代英雄的石像 ……………………………… 140

22. 含羞草 ………………………………………… 148

大课堂　快乐考评 ………………………………… 160

自测练习 …………………………………………… 161

争当"最美乐读者" ………………………………… 166

大课堂

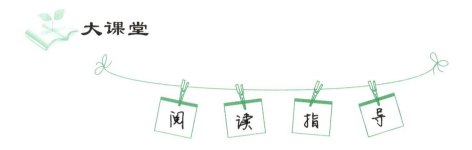

阅 读 指 导

1. 走进"快乐读书吧"。看一看课本里都说了些什么。在那奇妙的王国里,你以前读过什么童话?主要人物是谁?他给你留下了怎样的印象?可以说课内的,也可以说课外的。

2. 体悟"书香伴成长"。我们怎么读好这本书呢?"书香伴成长"中讲得很具体。小声读读,读后说说你读懂了哪些内容,还有什么不清楚的地方,提出来大家一起讨论。

3. 研读范例学方法。仔细阅读《拇指姑娘》中的一段话,边读边想:拇指姑娘一路上看到了什么?感觉有什么不同?讲的时候你要把自己当成拇指姑娘,她看到的、感觉到的就是你的所见所感。看童话就是要发挥想象,要把自己想象成故事中的主人公。

4. 开启每日进行时。从今天开始,大家的阅读旅程正式开启,要养成天天读书的好习惯。

闹翻天的梦幻国

1. 拇指姑娘

很久以前有一个女人,她非常想要一个娇小的孩子,于是她就去问女巫(wū):"你能告诉我,在哪儿可以得到一个小小的孩子吗?"

女巫交给她一粒大麦,说:"把它种在一个花盆里,很快你就会如愿以偿(cháng)的。"

女人向女巫道了谢,就回到家中,种下了那粒大麦。不久,一朵硕(shuò)大、鲜红的郁(yù)金香花苞破土而出。

> 拇指姑娘的身世多么特别而美好,读一读吧!

"好美的花呀!"女人由衷(zhōng)地赞叹,同时在花苞上吻了一下。只听"劈(pī)啪(pā)"一声,花苞盛开了。花蕊上坐着一个娇小的女孩,她的身体还没有大拇指的一半长。女人给她起了一个好听的名字,叫"拇指姑娘"。

拇指姑娘晚上睡在一个光亮的胡桃壳里,身下垫(diàn)着紫罗兰花瓣(bàn),身上盖着玫瑰花瓣,舒服

1. 拇指姑娘

极了。白天她就在桌子上玩耍(shuǎ)。桌子上有一个盘子，里面盛着一些水，水上浮着一片郁金香花瓣。拇指姑娘就坐在花瓣上，从盘子的这头划到那头，边划边唱着歌。

一天晚上，拇指姑娘正睡得香甜，一只丑陋(lòu)的癞(lài)蛤蟆(há ma)从窗口跳了进来。她看见胡桃壳里的拇指姑娘后，高兴地想："这美丽的姑娘正好可以做我的儿媳(xí)妇。"于是，她背起胡桃壳，跳进了花园。癞蛤蟆和她的儿子就住在那里。

癞蛤蟆害怕拇指姑娘逃走，就把她的摇篮放在溪(xī)水中一朵睡莲的宽叶子上。

> 是谁把拇指姑娘放在了睡莲的宽叶子上？他想干什么？

拇指姑娘清早醒来时，发现自己到了一个完全陌(mò)生的地方，并且四周全是水，根本无法上岸，就伤心地哭了起来。

这时，癞蛤蟆领着她的儿子游过来了。她向拇指姑娘鞠(jū)了一个躬(gōng)，然后说："这是我的儿子，你将成为他的妻子。"

拇指姑娘哭得更伤心了。这哭声惊动了水下的鱼儿。他们一齐伸出头来，都为这么美丽的姑娘将要嫁给一个丑丈夫感到不满。于是，他们又一齐拥到睡莲叶子的周围，用牙齿(chǐ)咬断了叶梗(gěng)，使这片叶子很快顺流而下，漂到了癞蛤蟆追赶不到的地方。

有一天，一只很大的金龟子飞来了。他发现了拇指姑娘，就抓住她的细腰飞到了树林里，把她放在一朵雏（chú）菊上，同时说了许多赞美她的话。可是不久他又抛弃（pāo qì）了她，把她孤苦伶仃（líng dīng）地留在了大树林里。

冬天来了，拇指姑娘又冷又饿，不得不到田鼠家去乞（qǐ）讨。好心的田鼠婆婆可怜这瘦弱（shòu ruò）的姑娘，就收留了她。田鼠婆婆说："整个冬天，你都可以住在我这儿，只是你得帮我把房间打扫干净，同时讲些故事给我听。"拇指姑娘答应了田鼠婆婆的要求。她们在一起过得非常快乐。

有一天，拇指姑娘在地上发现了一只昏迷的燕子，她很同情他，就把自己的被子拿来盖在他的头上，又用棉花紧紧地裹（guǒ）住他的身子，使他很快苏醒过来。她细心地照料了燕子一个冬天。

燕子由衷地感激这位善良的姑娘，因此，当他完全康复的时候，就想带着拇指姑娘一道远走高飞。可是拇指姑娘谢绝了他的好意，因为她知道，如果她这样离开的话，田鼠婆婆会很伤心的。

> 拇指姑娘为什么会谢绝燕子的好意？你觉得她是什么样的人？

燕子飞走后，拇指姑娘的生活中出现了一个意想不到的情况：她的邻居、一只丑陋的鼹（yǎn）鼠来向她求婚了，并且很快获得了田鼠婆婆的恩准。

一想到将要终日住在黑暗的地底下，永远告别光明的太阳，拇指姑娘就忍不住痛哭起来。这时，那只燕子又飞回来了。他说："来吧，可怜的姑娘，骑在我的背上。我将把你带到一个温暖的地方去。那儿永远有灿烂的阳光，那儿永远开着美丽的花朵！"于是，拇指姑娘就坐到燕子的背上，跟着他一起飞过森林，飞过海洋，飞过常年积雪的大山。

> 拇指姑娘为什么又跟着燕子走了呢？她想追求怎样的生活？

燕子和拇指姑娘终于来到了一个温暖的国家。燕子把拇指姑娘放在一片白色的花瓣上。这时，拇指姑娘惊奇地发现，这朵花的中央竟坐着一个小小的男子。他的身体同自己差不多大，皮肤白皙(xī)而透(tòu)明，头上戴着金光闪闪的王冠，肩上长着一对美丽的翅膀。他就是花中之王。

年轻的国王看见拇指姑娘，非常高兴。他从头上取下王冠，给她戴上，并且温柔地问她愿不愿意做自己的新娘。"我愿意。"拇指姑娘含笑回答。许多天使立刻从花中走出来。他们送给拇指姑娘好多礼物，其中有一件是一对美丽的翅膀。他们帮拇指姑娘安在肩上，这样拇指姑娘就可以在花丛中飞来飞去了。

闹翻天的梦幻国

> 拇指姑娘有没有得到幸福的生活？她为什么会有如此幸福的生活？

从此，拇指姑娘就和她的丈夫幸福地生活在一起了。

（改编自安徒生童话《拇指姑娘》）

乐行乐思

拇指姑娘的生活曲折而美好。用笔画一画这个故事的情节图吧！

闹翻天的梦幻国
2. 坚定的锡兵

2. 坚定的锡兵

　　一个精美的匣子里同住着25个锡兵。他们的制服半边红半边蓝，肩上扛着长枪，眼睛直直地望着前方。其中一个锡兵只有一条腿，但是他始终坚定地站立着。小主人非常喜欢把这25个锡兵摆在桌上。

> 人的一生中不可避免地会经历挫折。我们需要具备坚韧的意志。

　　桌上还放着一些别的玩具。最吸引人的要数一座纸做的宫殿(diàn)。宫殿美丽极了，门口站着一位也是用纸剪出来的小小舞蹈家。她穿着漂亮的裙子，肩上飘扬着蓝色的缎(duàn)带，一条腿高高举过头顶，另一条腿仅靠脚尖稳稳地立在地上。

　　独腿锡兵顿时对这位小姐产生了好感，便在一个鼻烟壶后面平躺下来。从这里他可以更清楚地看到她。

> 美丽的小舞蹈家让锡兵产生了好感。当他们四目相对时，会说些什么呢？

　　当钟敲响十二下时，鼻烟壶的盖子"扑"的一声打开了。一个黑色的小妖精伸出头来，恶狠狠地教训独腿锡兵说："喂，把你的眼睛放老实一点儿！"可是锡兵装作没听见。妖精生气地说："好吧，明天你就等着瞧吧！"

第二天早晨，小主人把锡兵移到了窗台上。不知是不是那个小妖精在捣（dǎo）蛋，反正独腿锡兵就从高高的三楼倒栽葱（cōng）似的摔到了地上。那情形可怕极了。

> 圈出锡兵在纸船中的一连串动作。仔细观察你身边的人，用一连串的动词来说说他做某件事的过程。

一场倾盆大雨后，两个流浪儿发现了独腿锡兵。他们把他放在一条纸船上，然后又把纸船放进了水沟里。水飞快地流淌着。纸船被颠簸（bǒ）得忽上忽下，可是独腿锡兵坚定地站立着，肩上扛着长枪，眼睛一眨也不眨地盯着前方，显得很镇定。

忽然，纸船被激流卷进一条又长又宽的下水道里。四周一片黑暗，就跟锡兵过去住的匣子里一样。

"喂，快把你的通行证拿出来！"一只大老鼠拦住了独腿锡兵的去路。独腿锡兵握紧手中的长枪，理也不理他。

> 锡兵的这段经历多么惊险呀！有感情地读给你的朋友听吧。

纸船继续在激流中前行。大老鼠气急败坏地跟在后面嚷嚷（rāng rang）："抓住他！抓住他！"可是，独腿锡兵这时早已随纸船冲入了一条大运河中。这里波涛翻滚，旋涡（xuán wō）

2. 坚定的锡兵

一个接一个。不一会儿,纸船里就灌满了水。现在,独腿锡兵全身都浸在水里了,只有头还伸在外面。

后来,纸船彻底地散了,独腿锡兵也就迅速地沉到了水底。正在这时,一条大鱼游了过来,一口就把独腿锡兵吞进了肚子里。大鱼的肚子里比下水道还要黑暗,并且空间那么狭小,锡兵只好直直地平躺着。即便这样,他也没有忘记握紧他的长枪。

锡兵跟着大鱼上下翻动。后来他突然觉得平稳多了,原来,大鱼已经被人捉住并且被剖开了肚皮。独腿锡兵终于重见光明,他真高兴啊!当他被女仆带到一间屋子里时,他发现自己竟然又回到了原来住过的地方。他一下子就看见了桌上那座纸做的宫殿和宫殿门口那位跳舞的小姐。他们俩互相凝(níng)视着,谁也没有说一句话。

就在这时,一个调皮的孩子抓起独腿锡兵,然后扔进了火炉里——这当然又是鼻烟壶里的那个小妖精在捣鬼。独腿锡兵站在火中,感到自己的身体在慢慢地熔化,但是他仍然坚定地扛着枪。忽然一阵风吹来,把跳舞的小姐吹进了火炉里。她在独腿锡兵的身边化为火焰,一眨眼的工夫就消失得无影无踪了。

> 小朋友,你能用几个词语来说说这个锡兵是一个怎样的人吗?

闹翻天的梦幻园

第二天,女仆清扫炉灰时,一颗小小的亮亮的锡心出现在她眼前……

(改编自安徒生童话《坚定的锡兵》)

画出这个故事的情节图,并在旁边标注每个情节中锡兵的表现。对照着想一想,锡兵的故事给你什么启迪?

3. 癞蛤蟆

井底住着一个癞蛤蟆家族。他们是外来移民，是跟着癞蛤蟆妈妈一只一只跳进水井里来的。水井很深，太阳总没有办法照进来。那些早就住在这里的青蛙，总把他们称为"井客"。

小青蛙们谈起癞蛤蟆妈妈时，总是说："她又笨又丑，又胖又讨厌！"接着必定要带上一句："她的孩子也跟她一样！"

> 和好朋友一起分角色读一读小青蛙们和癞蛤蟆妈妈的对话，你有什么感受？

"或许是这样，"癞蛤蟆妈妈说，"不过，他们当中有一只头上镶嵌(xiāng qiàn)着一颗宝石。"

小青蛙们听了这话，都惊讶得瞪(dèng)大了眼睛。而小癞蛤蟆们都以为那颗宝石就在自己的头上，所以，都高高仰起脑袋，动也不敢动。

后来，小癞蛤蟆们追着妈妈问："宝石到底是一种什么东西呢？"癞蛤蟆妈妈说："那是一种使你感到非常骄傲，但让别人非常嫉妒(jí dù)的东西。它既美丽又珍贵。"

> 你觉得这只小癞蛤蟆有什么与众不同的地方吗?

于是那只最小的癞蛤蟆说:"我是不会有这颗宝石的。我为什么非要有这种了不起的东西呢?如果它令别人感到烦恼,那么我也不会感到得意的。我只希望有一天能去看看外面的世界。那一定非常有趣!"

"你最好不要乱动!"癞蛤蟆妈妈说,"当心那个水桶。它会把你压扁的。即使你侥(jiǎo)幸进了那个水桶,也可能会跌出来的。"

"呱呱。"最小的癞蛤蟆答应着,但是,他仍然想去看看外面的世界。第二天早晨,当一个汲(jí)满了水的水桶正被吊上去的时候,他就跳了进去,然后又随着水被倒了出来。

"呸,真倒霉(méi)!"提水的人说,"我从来没有见过这么丑陋(lòu)的东西!"他用木鞋猛地把小癞蛤蟆踢进了一丛很高的荨(qián)麻里。

"这儿比井里美丽多啦。叫我一辈子住在这里,我也愿意!"小癞蛤蟆说,"不过,我倒很想知道外面是什么样子的。"于是,他很快从荨麻丛中跳了出去,跳到了大路上。

> 你拥有像小癞蛤蟆这样对未知事物的好奇心吗?

他来到一条水沟边。这儿开着各种各样的花,还有一只蝴蝶在翩(piān)翩起舞。小癞蛤蟆以为这只蝴蝶原

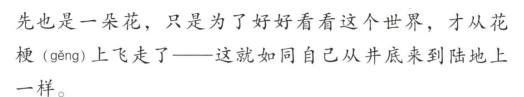

先也是一朵花,只是为了好好看看这个世界,才从花梗(gěng)上飞走了——这就如同自己从井底来到陆地上一样。

他在水沟里待了八天八夜,有吃有喝,有阳光,有新鲜的空气,但就是没有伙伴。于是,他乱跑起来,想去寻找几只青蛙或者癞蛤蟆。

他来到田野上的一个水池旁,纵(zòng)身跳了进去。那里的青蛙们热情地欢迎他,并且请他参加了一个音乐会。"我还得往前走。"小癞蛤蟆说。他总是在追求更好的东西。

> 想象一下,那里的青蛙们会怎样热情地欢迎小癞蛤蟆?

他看见又大又圆的月亮,心想:"难道这不是一个很大的水桶吗?不知道我能不能跳进去?我一定要抓住机会,爬得再高一点,爬进快乐和光明中!这是一件很难办到的事情,但是我非办到不可!"于是,他又继续向前跳去。

> 你觉得小蛤蟆这个想法怎么样?为什么?

现在,他来到一条大路上。两旁都住着人,还有花园和菜园。他跳进菜园,不禁叫起来:"这儿是多么青翠和美丽啊!"

白菜叶上的一条毛毛虫说:"我的这片叶子在这儿算最大的了。它盖住了半个世界。不过,没有这半个世界,我也可以活下去。"

"咯咯咯。"一群母鸡走了进来。最前面的那只一眼就瞧见了这条自高自大的毛毛虫,走上去啄了一口。小癞蛤蟆吓了一跳,就跳到了母鸡的跟前。

母鸡为什么不吃毛毛虫了?

"他居然还有援(yuán)军!"母鸡看了看丑陋的小癞蛤蟆,安慰(wèi)自己说,"算了,我也不在乎这一口食物。他只会弄得我喉咙(hóu lóng)发痒(yǎng)。"

母鸡们都走了。毛毛虫得意地说:"我略施小计就脱险了。不过,怎样才能再回到那片白菜叶上去呢?"

小癞蛤蟆走过去,对毛毛虫表示同情,同时说:"很高兴,我能用我丑陋的外貌帮你把那只母鸡吓跑了。"

"你这是什么意思?"毛毛虫说,"明明是我自己逃开的!不过,你的模样也确实难看极了!"

毛毛虫开始往白菜叶上爬,小癞蛤蟆也尽量仰起头朝上看。这时,鹳(guàn)鸟妈妈正坐在农家屋顶上的窝里,给她的孩子们讲着埃(āi)及和尼罗河的水。

小癞蛤蟆觉得很新奇、很有趣,自言自语:"我真想到埃及去啊,但愿鹳鸟愿意带上我。是的,我一定要去埃及。我心中的这种渴望和追求,比头上的宝石要宝贵得多!"

正在这时,一只鹳鸟飞来了。他看到了地上的小癞蛤蟆,就猛扑下去,使劲地叼住这个丑陋的小家伙,然后又飞快地飞上了天空。现在，小癞蛤蟆已经升得很高了，并且他知道他正在向埃及飞去，因此，他的眼睛放着光，好像有火星从里面迸出来。

"哎哟！"小癞蛤蟆突然大叫一声便没了呼吸。这可怜的小家伙被掐死了！而那颗宝石——永恒的追求——却在他的身体里发出快乐和闪亮的光芒。

（改编自安徒生童话《癞蛤蟆》）

乐行乐思

读过这个故事的人，有的认为小癞蛤蟆很了不起，认为它有梦想，敢追求，活出了生命的意义；有的认为小癞蛤蟆好高骛远，不知满足。你的想法是什么呢？和你的好朋友讨论一下吧。

4. 老头子做事总不会错

一对老夫妻住在乡下的一个农舍里。他们的财产十分少，可他们很恩爱。无论何时他们的家里总是充满了欢乐。

你从老太婆的话中感受到了什么？

去镇上赶集的那一天，老太婆牵过来一匹马，对老头子说："你去把它卖掉吧，或者换一点其他的东西来。你做的事总不会错的。"她替他围好围巾，又替他掸(dǎn)了掸帽子上的灰，然后吻了他一下，就送他上路了。

老头子骑着马往集市去，看见一个人赶着一头母牛走过来。他想："多漂亮的母牛啊，它一定能产出最好喝的奶！"于是他就对那人说："我想用马换你的母牛，尽管一匹马比一头牛贵多啦，但牛对我更有用处。你同意换吗？"

老头子为什么会用马换母牛？

那人当然同意啦。这样，老头子就有了一头母牛。老头子牵着牛继续往前走，不一会儿就追上了一个

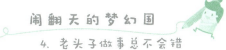

赶羊的人。他想:"我们家附近的山沟里长着茂盛的青草,养一只羊可能比养一头牛更实际吧。我何不与他交换一下呢?"他把他的想法告诉了赶羊人,这笔生意自然很快就成交了。

老头子很高兴,赶着羊往前走。在一个栅栏(zhà lan)边,他看见一个人腋(yè)下夹着一只大鹅。他跑去对那人说:"我家有一个小水池。鹅在里面游泳再自在不过了。我真希望有一只鹅呀!假如你愿意交换的话——"那人很爽快地答应了,于是老头子得到了这只白白胖胖的鹅。

这时,老头子已经来到了镇上。镇上的人多,牲畜也多。老头子简直看花了眼。"咕咕,咕咕。"一只老母鸡在快乐地唱歌。老头子一下子就喜欢上它了。他想:"这鸡多可爱呀,并且它可以自己觅食,一点儿也不麻烦。拿鹅换只鸡一定不会吃亏。"

老头子为什么用羊换鹅,再用鹅换鸡?

老头子心想事成,现在,那只可爱的老母鸡真的已经拎在他的手上了。他走到一家酒馆前,想进去吃点东西,喝一杯酒。在门口,他被酒馆的伙计挡住了去路。那伙计背着一个沉甸甸的袋子,显得很吃力。

"你袋子里装的是什么呀?"老头子好奇地问。

"烂苹果,喂猪的烂苹果。"伙计说。

"这袋苹果可真不少,我该带回去让老太婆见识见识。去年我们那儿的老苹果树只结了一个苹果。我的太太把它当作宝贝藏(cáng)在碗橱(chú)里，一直到它烂掉为止。她说：'这总归是我们的一笔财产呀。'现在好了，我的太太将要看到好大的一笔财产了！"就这样，老头子心满意足地用老母鸡换来了那袋烂苹果。

> 老头子为什么用鸡换了一袋烂苹果？你觉得这是一个怎样的老头子？

他把那袋烂苹果背进酒馆里，放在火炉旁边靠着，然后坐下来喝酒、吃东西。

酒馆里有很多人。他们同老头子聊起天来，一会儿便知道了老头子用一匹马最后换来一袋烂苹果的事。他们大笑不止，其中有两个英国人，甚至同老头子打起赌来："看吧，等你回到家，你的太太一定会跟你大吵一架，说不定还会揍你一顿哩！"

老头子摇了摇头，笑道："你们说错啦，我将会得到一个吻。并且，我的太太一定会这样说：'老头子做事总不会错。'"

> 老头子为什么会这么自信？

两个英国人怎么也不相信，提出用112镑(bàng)金币做赌(dǔ)注。

> 猜一猜，打赌的结果是怎样的？

"可是，我只能拿出一袋烂苹果来打赌。"老头子抱歉(qiàn)地说，"不过，还可以加上我和我的太太。这样总够了吧?"

于是,他们三人带上那袋烂苹果,一起乘车到了老头子家。

"晚上好,老太婆。"车刚在农舍前停下,老头子就彬彬有礼地说。

"晚上好,老头子。"老太婆迎出来,拥抱了老头子。

"我用那匹马换了一头母牛。"老头子说。

"哦,我们终于有牛奶喝了,还可以用牛奶做各种食物。这真是一件美事!"老太婆显得很兴奋。

"可是,我又用那头母牛换了一只羊。"

"那更好啦!"老太婆说,"我们可以喝羊奶,还可以剪羊毛,做成羊毛袜子、羊毛夹克,而牛毛却什么用也没有。你真会精打细算,我的好丈夫!"

和好朋友一起演一演这几段话的内容,说说你的感受。

"不过——我后来把羊换成了一只鹅。"

"这真是妙不可言。在今年的圣马丁节上,我们可以有真正的鹅肉吃啦!"

"只是,我又用鹅换了一只老母鸡。"

"老母鸡也挺不错啊!它能生蛋,还能孵(fū)小鸡。以后我们将会有一大群鸡了。哦,这正是我很久以来所盼望的呀!"

"但是，我最后又用老母鸡换了一大袋烂苹果。看，就在那里——"老头子指了指车上的那个大袋子。

"现在，我非得奖给你一个吻不可了！"老太婆高兴地说，"你知道吗，今天我去找老师太太借点儿香菜，那小气鬼却说：'我家的菜园里什么也不长，连一个烂苹果也不结。我甚至连一个苹果也没法借给你呢。'现在，我倒可以借给她一袋烂苹果啦。我就说嘛，我的老头子做事总不会错的！"老太婆絮叨(xù dao)完，就给了老头子一个响亮的吻。

> 这里的"它"指什么？

两个英国人一直在旁边看着。他们相视一笑，异(yì)口同声地说："这情景真让人陶醉(táo zuì)。它比金子还珍贵呢！"于是他们付给这对相亲相爱的老夫妻112镑金币，以兑现他们的诺言。

（改编自安徒生童话《老头子做事总不会错》）

乐行乐思

什么样的人才会获得快乐和幸福呢？和你的家人、朋友讨论讨论吧！

5. 亚 麻

一棵亚麻上开满了蓝莹莹的小花。他就像一个可爱的小娃娃站在暖暖的阳光和润润的雨雾中。

> 朗读这一段话,读出你对亚麻的喜爱吧!

他向一根篱笆(lí ba)桩炫耀(xuàn yào):"人们都说我长得又美又高,将来一定能织成好看的布。哈,我是多么幸运啊!"

可是有一天,他突然被人抓住脑袋,从地里连根拔了出来,先是被泡在水里,接着又被放到火上烤。那滋(zī)味真是难受极了!

"一个人不能永远过好日子,得吃点儿苦头才会懂得一些道理。"亚麻自我安慰道。

> 面对苦头,亚麻是怎么说的?你体会到了什么?

他没想到,更大的苦难还在后面。他竟被折断、撕(sī)碎、揉(róu)打、梳(shū)理了一番,最后被装在一架纺车上面,转啊转啊,直转得晕(yūn)头转向。

不过,他终于被织成了一块非常美丽的布,并且备受主人喜爱。他觉得这世上再没有谁能比他更幸福了。

很快，他被送到一间屋子里。人们用剪刀裁(cái)剪他，用针刺他。他被弄得遍体鳞(lín)伤。后来，他被裁剪成了十二个部分，最终被做成了一件漂亮的衣服。"哦，我总算成了一件有用的东西了。我还是很幸运的啊！"他幸福地说。

> 被剪刀裁剪后，亚麻又是怎么说的？你有什么想法？

很多年过去了，这件用亚麻做成的衣服终于穿破了。他被撕成碎片，又剁(duò)得细细的，放在水里煮。经过一番痛苦的煎熬(jiān áo)之后，他居然变成了洁白的纸，上面写满了美丽动人的故事。"当我还是田野里的一朵蓝莹莹的花时，从来没有想过我会向人们传播(bō)动人的故事。我太幸福了！"他快乐地说。

> 被做成纸后，亚麻又是怎么说的？说说你的感受。

有一天，他被送到了印刷厂。他上面写的故事被印进了书里面。书有好多本，在世界各地旅行，到处传播美丽动人的故事。"我现在终于能做点儿事情了。我是多么幸福啊！"他自豪地说。

后来，他被卷起来，放到了书架上。有一天，一群顽皮的孩子跑了过来，把他放在火上烧。顿时，他变成了一朵明亮的焰(yàn)花，发出闪亮的光芒，而那些美丽动人的故事都变成了光彩夺目的火焰……

（改编自安徒生童话《亚麻》）

闹翻天的梦幻国

5. 亚麻

乐行乐思

亚麻的结局是化为焰花,然而他的一生是美丽动人的。选择其中一个你最喜欢的情节,给好朋友讲一讲吧!

6. 野天鹅

一个遥远的王国里住着一个国王。他有十一个年轻又英俊的儿子，还有一个漂亮的女儿艾(ài)丽莎(shā)。后来，国王娶了一个新王后。这个新王后其实是一个女巫(wū)。她对国王的孩子们一点儿也不好。她先把艾丽莎送到乡下，然后又在国王面前讲了很多王子们的坏话。国王听信了新王后的话，很生气，再也不愿搭理他的孩子们。

有一天，新王后趁国王外出打猎时，把十一个王子变成了十一只野天鹅，让他们从王宫的窗口飞到黑森林里去了。

艾丽莎满十五岁的时候，被送回了王宫。新王后看见艾丽莎长得那么美丽，真是又嫉妒又恼怒(nǎo nù)。

一天清晨，王后走进浴(yù)室，抓起三只癞蛤蟆，挨个儿亲吻了一下，然后对第一只说："当艾丽莎来洗澡时，你就坐在她的头上，让她变得和你一样愚(yú)笨。"接着，她对第二只说："你就趴在她的

> 猜一猜，王后的阴谋有没有得逞。

额(é)头上,叫她变得跟你一样丑陋。"最后,她又对第三只说:"你要躺在她的心口上,这样她就会拥有一颗罪(zuì)恶的心了。"

三只癞蛤蟆照办了。可是新王后的阴谋(móu)并没有得逞,因为艾丽莎太纯真、太善良,魔法在她的身上根本无法应验。新王后恼羞成怒,就在艾丽莎的身上涂满了核桃汁,又在她的脸上抹上一层发臭的油脂(zhī),同时把她的头发扯得乱蓬(péng)蓬的。美丽的艾丽莎一下子变成了连她的父亲也认不出的丑姑娘。

> 新王后的阴谋为什么没有得逞呢?

艾丽莎悲伤地离开了王宫,她要去找她亲爱的哥哥们。她穿过田野和沼泽(zhǎo zé),一直走进一座黑森林。在那里,她安安静静地睡了一觉。当她醒来的时候,太阳已经升得很高了。她来到湖边,用清亮的湖水洗手、洗脸、洗头发。顿时,她又变成了原来那个美丽的公主。

艾丽莎孤独地在森林里走着,一心要找到她的哥哥们。她遇见一位老婆婆,就急忙向她打听:"您看见过十一个王子骑着马从这儿走过吗?"

"没有。"老婆婆说,"不过昨天我倒是看到十一只头戴金冠的野天鹅从这条河里游过去了。"于是,艾丽莎沿着河一直走到了入海口。

展现在艾丽莎眼前的是一望无际的大海。傍晚时

> 好的文字是有画面感的。请你一边读，一边展开想象。你的眼前出现了怎样的画面？你听到了怎样的声音？

分，有十一只头戴金冠的野天鹅掠（lüè）过海面向陆地飞去。艾丽莎赶紧爬上山坡，躲到一个灌（guàn）木丛背后。十一只野天鹅拍着翅膀徐徐降（jiàng）落，又抖落浑身的羽毛，变成了十一个英俊的王子。艾丽莎一眼就认出了她的哥哥们，惊叫着冲出灌木丛……

兄妹们一会儿哭，一会儿笑，彼此讲述着离别后的遭遇。最大的哥哥说："白天，我们变成野天鹅在海上飞行，太阳落下去时我们才恢（huī）复人形。因此，我们得注意，在太阳落下去之前，要找到一个落脚之处，否则我们会掉进海里。在海的另一边有一个美丽的国度。我们必须飞过海洋才能到达。亲爱的妹妹，再过两天我们就要到那个国家去了。有什么办法可以把你带去呢？"

于是，王子们花了整整一夜时间，用柔软的柳条和坚韧（rèn）的芦苇编成了一个结结实实的大网，让艾丽莎躺在里面。太阳升起时，王子们变成的野天鹅们就用嘴衔（xián）起这张大网，飞上了天空。

他们飞了好久，终于在第二天的傍晚降落在一片森林的草地上。

> 想象画面，你的心是否为之一动？写下你的感受。

6. 野天鹅

这天夜里，艾丽莎梦见了一位仙女。仙女对艾丽莎说："只要你有勇气和毅(yì)力，你的哥哥们就可以得救！"仙女扬了扬手上那束带刺的荨(qián)麻，又说，"教堂墓地里长着许多这样的荨麻，你去采来用脚踩碎(cǎi suì)，便可得到麻。然后你把它们搓(cuō)成线，编织成十一件长袖披甲，给十一只野天鹅穿上，那时他们身上的魔(mó)法就会解除。不过，有一点你必须记住：在这整个过程中，你不能说话，否则，你说的每一个字都会像一把锋利的短剑刺进你哥哥们的心里。"

> 朗读这一段话，感受童话故事的神奇。

当艾丽莎醒来的时候，野天鹅们已经飞走了。她按仙女的吩咐(fēn fù)采来了许多带刺的荨麻。这些可怕的植物把艾丽莎的手和臂都刺出了许多水泡。但是为了亲爱的哥哥们，她什么痛苦都能忍受。

> 读到这里，你觉得艾丽莎是一位怎样的姑娘？

黄昏时分，哥哥们回来了。他们见艾丽莎一句话也不讲，顿时很着急。最小的哥哥捧起她的双手，心疼地哭起来。他眼泪落到的地方，疼痛感马上就消除了，水泡也不见了。

就这样，艾丽莎不分昼(zhòu)夜地织着荨麻披甲……

> 想象一下，艾丽莎是怎样不分昼夜地织荨麻披甲的？

这天，山间响起打猎的号角声和

猎狗的叫声。艾丽莎慌忙躲进山洞里，把荨麻扎成一捆，并坐在上面。不一会儿，一个年轻的国王走了进来。他从来没有见过像艾丽莎这样美丽的姑娘。他对艾丽莎说："你不能一直住在山洞里，跟我走吧。我将把最华丽的宫殿送给你！"他把她扶上马，带回了王宫。

艾丽莎换上盛装后，更加美丽了。国王把她选为自己的新娘。整个王宫的人都为她祝福。只有大主教一直在摇头，他说艾丽莎肯定是一个巫婆，靠她的美貌才迷住了国王的心。可是国王很爱艾丽莎，不相信大主教的话。于是，美丽的艾丽莎成了这个国家的王后。

每天夜里，在国王睡熟后，艾丽莎就悄悄地从他身边走开，来到一间小屋子里。这间屋子被布置(zhì)得同她过去住的山洞一模一样，里面放着她织好的披甲和那捆(kǔn)荨麻。这是国王特意为她安排的。艾丽莎依旧每天坚持织着荨麻披甲。

当她织完七件披甲时，荨麻用光了。她不得不偷偷到教堂的墓(mù)地去采。这事偏巧被大主教发现了，于是他便报告了国王。国王怀着一颗忧虑的心回到家中，他决意要弄清事情的真相。晚上，他假装睡着，等艾丽莎起床后，便悄悄跟踪她到那间小屋门口。最后他不得不相信大主教的话是真的。

当国王看到小屋里的那一幕时会怎么想，怎么说？

现在，艾丽莎只剩下一件披甲没织了。可是荨麻又用完了,她不得不再去教堂墓地一趟。她在前面走,国王和大主教尾随其后。他们看见她消失在阴森森的墓地里,而那墓石上正坐着一群面目狰狞(zhēng níng)的吸血鬼。于是,国王认定他的妻子也是他们中的一员。

"交给众人来裁决吧!"国王狠下心说。

于是众人决定用烈火烧死她!

艾丽莎不能做任何辩解。她被关进一个阴冷的地窖。陪伴她的只有她亲手编织的披甲和一捆刚采来的荨麻。她依旧拼命地编织着披甲,一心想在自己被处死之前,把哥哥们从魔法中解救出来。

作者为什么设计艾丽莎在织荨麻披甲的过程中不能说话的情节?

当朝阳跃出地平线的时候,艾丽莎被押上了囚车。她穿着囚(qiú)服,脸色苍白,手上仍然在忙着编织披甲。她的脚下堆着那已经织好的十件披甲。

人们向她拥去,要撕(sī)碎那些被他们视为妖物的披甲。这时,空中飞来了十一只野天鹅。它们落在囚车的周围,发出很响的拍翅声,吓得众人赶紧退开。艾丽莎趁机把十一件披甲扔向野天鹅们。顿时,十一个英俊的王子出现在人们面前。可是最小的那个还保留着一只天鹅的翅膀,因为那最后的一件披甲还差一只袖子。

"我是无罪的!"她终于开口了,随即便昏了过去。

"她是无罪的!"最大的哥哥也这样说。在他讲述事情全部经过的时候,那堆本来用来焚(fén)烧艾丽莎

闹翻天的梦幻国

> 故事的结局诗意而美好。反复品读,你有什么感受?

的柴火突然生出了绿叶,开出了许多红色的玫瑰。这些玫瑰环抱着一朵洁白的鲜花。洁白的鲜花在朝阳下熠(yì)熠发着光。国王摘下它,把它放在艾丽莎的胸前。艾丽莎立即苏醒过来,脸上漾(yàng)满了幸福的红晕(yùn)。

(改编自安徒生童话《野天鹅》)

乐行乐思

艾丽莎让哥哥们变回了人。接下来会发生怎样的故事呢?展开想象,把你续编的故事讲给同学听吧。

7. 补衣针

有一根补衣针比她的同伴长得细巧一些,因此,她就以为自己是一根绣花针了。

"请你们把我捏紧点儿。"她对那几个取出她的手指头说,"我是这么的细,万一落到地上,你们是绝不可能再找到我的。"

于是,手指们把她拦腰捏住。

"你们看,我还有随从哩!"她炫耀说,因为她的后面拖着一根长长的线。

> 读一读补衣针说的话,你有什么感受?

她被用来补女厨师的一只皮拖鞋。"这真是一个庸俗的工作。"她说,"这会把我弄断的。没看见我很纤细吗?"

她真的被弄断了。于是,女厨师在针头上滴了一点儿封蜡,然后把她别到一条手帕上。

"现在,我成了一根领针啦!我早就知道会有这么一天的。啊,我是多么光荣啊!"补衣针骄傲地说。她坐在手帕上,就像坐在轿车里一样。

> 补衣针是怎么变成领针的?

"请问,你是金子做的吗?"她问旁边的一枚别针,"你的脸蛋不错,但是头太小了!"补衣针好不得意,她尽量昂起头,结果就从手帕上掉下来,落进了厨房的污水沟里。

"现在我要去旅行了。"她高兴地说。

她在宽宽的排水沟里迷了路,但是她的心情一直都很好。

她看见菜叶、草屑(xiè)、旧报纸从她的身上游过去,就忍不住嘲(cháo)笑了他们一番(fān)。她想:"对于他们来说,我确实是细了点儿,但是我比他们高贵多了。"

补衣针瞧不起菜叶、草屑、旧报纸,却对玻璃碎片很亲热。你觉得补衣针心里是怎么想的?这说明了什么?

有一天,她发现身边躺着一个亮闪闪的东西,以为是颗钻石,就亲热地同他说起话来。其实,那东西不过是一个玻璃瓶的碎(suì)片罢了。

"我曾住在一位小姐的匣(xiá)子里。"补衣针说,"她总是用五个手指把我取出来又放进去。可是那五个兄弟除了会吹牛,什么事也做不好,所以就把我弄进了排水沟。"

"这算是升级呀!"瓶子碎片恭(gōng)维道。

这时,一股很大的水冲进了排水沟,把瓶子碎片冲走了。补衣针感叹道:"他倒是升级了,而我依旧坐在这儿,因为我实在是太细了。不过,这正是我与众不同

7. 补衣针

的地方啊!"她骄傲地坐着,不禁浮想联翩(piān)。

> 补衣针浮想联翩,它会想些什么呢?

现在,有几个孩子跑到排水沟边来了。他们常到这儿找一些小玩意儿。其中一个孩子的手被补衣针戳了一下。他疼得大叫:"原来是你这个小家伙呀!"

"我不是一个家伙,我是一位年轻的小姐!"补衣针生气地说。尽管她已经变得乌黑,可她相信黑色更能显出自己苗条的身材。

> 补衣针为什么会变黑?猜一猜补衣针未来的命运。

孩子们把补衣针插在一个刚浮上来的蛋壳上。补衣针觉得有白色的蛋壳衬着自己黑色的身体,她就更容易被别人看见了。

不料一辆载重马车正好驶(shǐ)过来。只听"啪"的一声,蛋壳被碾(niǎn)碎了。补衣针惊叫起来:"不好啦,我要被压断啦!我要被压断啦!"

车轮从她身上碾压过去。她发现自己并没有被压断。她直直地躺在地上,并且可以永远这样躺下去……

(改编自安徒生童话《补衣针》)

补衣针的结局是只能躺在地上。你有什么话想要对她说吗?

闹翻天的梦幻国

8. 谁是最幸运的

阳光说:"多么美丽的玫瑰呀!她们都是我的孩子。我亲吻她们,使她们获得生命!"

露水说:"不,她们是我的孩子!是我用眼泪把她们哺(bǔ)育大的。"

篱笆说:"我才是她们的母亲!你们只不过是干爸爸或干妈妈罢了。"

> 阳光、露水是如何将玫瑰哺育大的,大声朗读这充满诗意的语言吧!

"我美丽的玫瑰孩子,祝你们各个都幸运!"他们齐声说。

不过最大的幸运只能属于其中一个。谁将是这个幸运儿呢?

有一位母亲走进了花园。她穿着一身黑色的丧(sāng)服,满脸愁(chóu)容。她摘下一朵含苞待放的玫瑰,拿进一个悄无声息的房间。几天以前,这里还有一个年轻快乐的女孩在蹦蹦跳跳,现在却停着一口黑色的棺材。女孩僵(jiāng)直地躺在里面,像一尊大理石雕(diāo)像。母亲俯(fǔ)下身子,吻

> 圈出这段话中的动词,读一读,体会动词的准确性。

了女孩一下，然后把那朵玫瑰放在了女孩的胸前。

这朵玫瑰想："这位母亲赋(fù)予(yǔ)了我爱的使命。我将走进一个未知的国度，在这个女孩的胸口上做着梦。哦，在姐妹们当中，我应该是最幸运的了！"

一朵即(jí)将要凋(diāo)谢的玫瑰被那个专门为花锄(chú)草的老婆婆摘下来了，并且用盐保存了起来。

这朵玫瑰说："我是最幸运的，因为我被保存起来了！"

另外有两朵玫瑰，一朵被画家画在了画布上，另一朵被诗人写进了诗歌里。她们也都认为自己是最幸运的。

在这一丛玫瑰中，有一朵很不起眼的玫瑰，她不能直立在茎(jīng)上，并且在她的正中央还生着一小片畸(jī)形的绿叶。"可怜的孩子！"风说，同时在她的脸上怜爱地吻了一下。她以为这是一种祝贺和称赞的表示，便很为自己的与众不同而骄傲。

> 前面四朵玫瑰都有着怎样的命运？

这时，来了两位抽着雪茄(jiā)的先生，他们正谈论着玫瑰的一个弱点：一经烟熏(xūn)，就会失掉原先的光彩，变成绿色。他们决定用一朵玫瑰来做试验。但是他们舍不得摘那些漂亮的，于是选中了这朵有缺(quē)点的玫瑰。

"我是最幸运的！"这朵有缺点的玫瑰很快就在自

满和烟雾（wù）中变成了绿色。

还有一朵含苞待放的玫瑰，被园丁扎在一捧很精致的花束里，送到年轻的男主人手中。男主人带着花束去剧院看戏，并且把花束抛（pāo）向舞台，抛向那位成功的舞蹈家。这朵玫瑰感到无比的幸运，感到自己正向荣耀（yào）飞去，但是，她刚到达舞台，就跌断了脖子，滚到幕（mù）后去了。道具员把她装进衣袋带回家，插在一只小酒杯里。

> 这朵有缺点的玫瑰被用来做试验，它却认为自己是最幸运的。我们应向它学习什么？

这朵残破的玫瑰在水中浸（jìn）了一夜，变得滋润了许多。她被道具员送给了他的老祖母。

老祖母高兴地对玫瑰说："多么好哇！你没有到一个有钱的、漂亮的小姐那里去，而是到了我这个穷老太婆的身边。你对我来说，简直就是一棵玫瑰树哩！你太可爱了！"

老祖母面前的这朵玫瑰，才是所有玫瑰中最幸运的！老祖母那洋溢（yì）在脸上的孩童般的快乐和双眼里流动着的青春光彩都充分地证明了这一点。

（改编自安徒生童话《谁是最幸运的》）

当面对生命中的挫折与不幸时，我们应该怎样来看待？

9. 小意达的花儿

"为什么今天花儿们都这样无精打采呢?"小女孩意达伤心地看着那些垂(chuí)头耷(dā)脑的花,问一个学生。

"因为他们昨夜都去参加舞会了,太疲倦(pí juàn)啦!"学生说。

"我不相信!"小意达说,"花儿是不会跳舞的。"

> 和好朋友分角色朗读这几段对话,体会学生丰富的想象力和美好的童心。

"会的,会的。"学生说,"他们几乎每天晚上都有一个舞会哩。不信,你可以到城外那座大宫殿的花园里去看一看。国王整个夏天都在那儿看花跳舞。"

"昨天我和妈妈刚去过那座花园,里面什么也没有。"小意达还是不相信。

"那是因为花儿们都进宫了呀。"学生说,"国王一搬(bān)回城里,花儿们就跑进宫里去了。两朵玫瑰坐上王位,当起花王和花后来;鸡冠花在两边站着,做他们的侍从。然后,一个盛大的舞会就开始了。"

"这太有趣啦!"小意达高兴地拍起手来。

闹翻天的梦幻国

> 你觉得小意达是个怎样的孩子？

小意达相信了学生的话。她觉得花儿之所以会垂下头，是因为他们跳了一夜的舞，太疲倦了，所以生病了。

小意达把生病的花儿带到了她的玩具们那里。洋娃娃苏菲(fēi)娅(yà)正睡在一张小床上。小意达对苏菲娅说："把你的床让给可怜的花儿吧。委屈(qū)你今天在抽屉(tì)里过一夜了。"她把花儿全放在了小床上，还给他们盖上了小被子。她还把窗帘拉上，生怕阳光照到花儿的眼睛。沿着窗户的地方摆放着妈妈养的各种花儿。一整夜，小意达都在想着花儿的舞会。她真想亲眼去看一看啊！

这时，外面的房间里好像有人弹起了钢琴。那音乐又轻柔又优美，好听极了。"一定是花儿们在跳舞！"小意达想。可是她不敢起床，怕惊醒了她的父母。

那美妙的音乐不断传进卧(wò)室。小意达再也忍不住了，蹑手蹑脚走到门口，向外边的房间望去。

> 多么美好的画面啊！配上音乐朗读,把这美好的画面展现给大家吧！

啊，房间里现在多热闹呀！月光把房间照得如同白昼。风信子和番红花站成两排。各种花儿扭(niǔ)动着细腰翩(piān)翩起舞。一朵硕(shuò)大的黄百合花正坐在钢琴前。一朵蓝色的早春花跳到了桌子上，一直走到小床跟前。于是那些生病的花儿一齐跳下床来，快乐地跳起了舞。

洋娃娃苏菲娅被惊醒了。她坐起来，透过抽屉的缝隙向外看，等着花儿们来邀请她跳舞，可是谁也没有理她。她故意从抽屉里跌下去，弄出很响的声音，吓得花儿们一齐围了过来。

那些刚才睡在小床上的花儿对苏菲娅感激(jī)不尽。他们说："我们明天就会死去，请你转告小意达，一定要把我们埋(mái)在花园里。这样，明年夏天我们就会变得更美丽啦！"

"哦，你们绝不能死去！"苏菲娅叫起来，把他们一个一个都吻(wěn)了一遍。

这时，客厅的门忽然开了。两朵美丽的玫瑰走进来，他们的头上都戴着一顶皇冠(guān)——原来他们就是学生说的花王和花后。随后，一大群紫罗兰和石竹花拥了进来。他们彬(bīn)彬有礼地向大家致(zhì)敬，还带来了一支乐队。牡丹使劲地吹着豆荚(jiá)。风信子和雪形花敲(qiāo)出"叮当叮当"的铃声。堇(jǐn)菜、雏菊、铃兰和樱(yīng)草花也来了，他们优美的舞姿(zī)令小意达赞叹不已……

> 在小意达的睡梦中各种花儿都活泼美丽，充满了生命力。学习用这样的方法写一写你看到的小花园的情景吧！

第二天，小意达醒来的第一件事就是跑到小床那儿看那些生病的花，可是他们已经死了。她把他们放进一个画着美丽鸟儿的纸盒子里，难过地说："这就是你们漂亮的棺材。"

小意达和她的两个表兄弟为死去的花儿认真地举行了葬礼，并在花园里替他们掘了一个小小的坟墓(mù)。

（改编自安徒生童话《小意达的花儿》）

你喜欢小意达吗？这个故事给了你怎样的启示？

10. 丁香花

有位王后结婚几年都没生孩子,她非常希望能有一个儿子或女儿。她每天都到花园里祈祷(dǎo)。

终于有一天,一位天使从天上来到她那里,说:"你的真诚感动了上天。你很快就会有一个儿子了。他将具有心想事成的能力,也就是说他想要什么就会得到什么。"

> 王后生的儿子有什么特异功能?

王后听了赶紧把这个喜讯(xùn)告诉了国王。后来,她果真生了一个儿子。国王非常高兴。

王后每天早上抱着儿子到宫中的动物园去,在一条清澈(chè)的溪(xī)边洗漱(shù)。孩子渐渐长大。一天王后洗漱完毕,抱着孩子躺在溪边睡着了。

这时,王宫的一个厨师跑过来。他知道小王子有心想事成的本领,就把他偷走了。之后他杀了一只母鸡,在王后的裙子上洒上鸡血,又把小王子抱到一个无人知晓的地方,找了一个奶妈来喂他。安

> 厨师用什么方法陷害了王后?你觉得他是一个怎样的人?

闹翻天的梦幻国

排好这一切后，这个厨师就跑到国王那里告状，说王后没有好好照料王子，结果王子被野兽叼（diāo）走了。

国王看见王后裙子上的血，就相信了厨师的话，他气愤（fèn）地决定惩罚（chéng fá）王后。他把王后关进一座日光、月光都照射不进去的高塔里。他要把她关上七年，不给她吃喝，让她饿死、渴死。幸好有两个天使变成两只白鸽，每天都飞到王后那里两次，给她送食物和水。就这样，王后在高塔里生活了七年。

> 王子帮厨师实现的第一个愿望是什么？

厨师逃离王宫，来到王子身边。这时候王子已长大会说话了。厨师对王子说："你快说你想有一座美丽的宫殿、一个漂亮的花园和一切应该有的东西。"当王子把这些话复述完时，眼前就出现了他想要的一切。

过了一段时间，厨师又出了个主意。他对王子说："你一个人孤零零的多不好。你希不希望有位漂亮姑娘做伴侣呢？"王子说出这个希望后，一位非常美丽的姑娘立刻就站在他的面前。从此他们俩一同玩耍，真心相爱。

厨师常常出去打猎，但他的内心并不宁静，总担心王子将来会回到他父亲那里，给他带来灭顶之灾。

有一天，厨师威胁姑娘说："今天晚上，你趁男孩睡着的时候，用刀把他杀了，取出他的心脏和舌头交给我。你如果不干,我就要你的命!"说完他就走了。

第二天,厨师找到姑娘时,姑娘还没有照他的话去办。

姑娘说:"我为什么要杀死一个从未伤害过别人的无辜(gū)孩子呢?"

厨师恶狠狠地说:"你再不照我说的做,我就杀了你。"

厨师走后,姑娘找来一头小鹿,把它杀了,取出心和舌头放在盘子里。她看见厨师向王子的卧室走来,就对男孩说:"你快躲到床下,用被单把自己裹(guǒ)好。"

厨师见姑娘在男孩的卧室里,以为事已办成,就问:"男孩的心和舌头呢?"姑娘就把盘子递上去。

这时王子憋不住了,他掀开被单,对厨师大声喝道:"你这个坏蛋,为什么要杀我?现在我要你变成一条黑色卷毛狗,套上一只金项圈,吞食烧红的炭,让火焰从你喉咙里往外冒。"话刚说完,那厨师果然变成了一条黑色卷毛狗,颈上套着一个金项圈,吃的是烧得通红的炭,口中直吐火焰。

王子在那里又住了一段时间。他想念起妈妈来,不知她是否还活在人间,于是他对姑娘说:"我要回我的

> 王子回自己的国家时带上了什么？

国家去了。如果你愿意，我们俩可以一块回去。"姑娘说："你们那儿太远了，而且我一个姑娘到一个陌生的国家可以做什么呢？"她虽舍不得同王子分开，但又不乐意去遥远的地方。于是王子将她变成了一朵美丽的丁香花，随身带着。他动身的时候，还带上了那只黑色卷毛狗。

当王子终于回到阔别多年的家乡时，他迫不及待地来到了关他母亲的高塔前。他看着那么高的塔，希望有一架长梯直达塔顶。这个念头刚一闪过，一架长梯就已搭好了。

王子顺着梯子向上爬，嘴里喊道："亲爱的母亲，尊贵的王后，您还在吗？"

王后以为是天使又送食物来了，就回答说："我刚刚吃过，一点儿也不饿。"

王子说："我是您的儿子呀，妈妈。人们都以为我被野兽叼走了，可我还活着啊！我马上让您恢复自由。"说着他爬下梯子，向王宫走去。

> 王子用什么办法让国王见了他？跟好朋友讲一讲吧！

王子让卫兵向国王通报，说有一位外来的猎手愿意为陛下效（xiào）劳。国王说如果他打猎本领高超，能够猎取野味，就可被录用。王子向国王保证，只要国王不嫌多,他可提供各种野味,要多少,有多少。随后,他召集了所有的猎人,跟他一起进了森林。

到了那里,王子叫猎人们围成一个大圆圈,只留一个口,他就站在这个口处发起愿来。转眼工夫,已有两百多只野兽从这个口冲进圆圈。猎人们纷纷射击。他们把射中的野味整整装了六十辆大车,然后运回王宫献给国王。国王已经有许多年没有吃到野味了,看到这么多野味,当然格外高兴。

国王决定第二天举行一个盛大的宴会,让宫里所有的人都来饱餐一顿。

宾客们到齐后,国王对那个能干的"猎人"说:"你干得不错,就坐在我旁边吧!"

"猎人"回答:"陛下,我只是一个贫穷的猎人,怎么能享受这样的恩宠呢?"

国王一再坚持,"猎人"只好遵命。"猎人"坐在国王身边,不由得想起了自己的母亲,心里暗暗祈(qí)愿有某个大臣提起王后来,问她现在在塔里过得怎样,是活着还是已经死了。他刚这样想,国王的大将军就开始说:"陛下,现在我们大家在这儿欢宴,可不知王后在塔里过得怎样?是活着还是已经死了?"国王生气地说:"她让我的儿子被野兽撕成了碎片。我不想再提到她。"

大将军为什么会在宴会上提起王后?

闹翻天的梦幻国

> 王子向国王揭示真相的这一段大快人心。和同学分角色演一演这一段。

这时候"猎人"站了起来,说:"仁慈(rén cí)的父亲,她还活着呢。我是她的儿子,我并没有被野兽拖走。是那个可恶的厨师趁母亲熟睡时将我从她怀里抱走的。"说完,他走过去,牵来了那条套着金项圈的黑色卷毛狗,对国王说:"这就是那个坏蛋。您要我恢复他的本来面目吗?"说完,他就把狗变回了厨师。厨师还像当年那样,穿着白围裙,手里拎着菜刀。

国王一见厨师,非常生气。

王子又对国王说:"父亲,您愿意见见那个伴我一起长大的姑娘吗?厨师曾叫她杀死我,但她宁愿自己冒着被杀的危险,也不愿伤害我。"

国王说:"好的,我很想见见她。"

王子说:"最仁慈的父亲,我将给您看一朵美丽的花,那就是她变的。"说着,就掏出那朵丁香花,放在了桌上。这花是那样美丽,国王从来没有见过。王子又说:"现在,我将把她恢(huī)复成原来的样子。"姑娘立刻就站在了他们面前,她是那样美丽动人。

> 王后被救之后,怎么样了?你有什么感受?

国王立刻派了两个侍女和两个随从到高塔里把王后接来参加宴(yàn)会。可是面对丰盛的菜肴(yáo),王后什么也不吃。她说:"在我被关在塔里时上天帮助我活了下来。现在我就要脱离苦海了。"

三天后，王后果然死了。当人们为她送葬时，那由送饮食到塔里的天使变成的两只白鸽也跟着送葬队伍飞行，落在了王后的墓上。

年老的国王下令将那个可恶的厨师处死。然而，即使这样，也减轻不了他的愧(kuì)疚(jiù)，不久他也死了。王子继承了王位，娶了丁香花姑娘为王后。从此，他们幸福地生活在一起。

（改编自格林童话《丁香花》）

这个故事围绕王子展开，其中有许多个性鲜明的人物。画一画王子的人物关系图，和你的同伴交流一下吧。

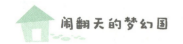

1. 漫谈奇妙收获。同学们读了《闹翻天的梦幻国》，一定觉得好多地方很奇妙，这都是因为作者发挥了丰富的想象。请大家说说哪些地方让你感到很奇妙。先讲故事题目，再讲奇妙之处。

2. 我就是主人公。看童话故事，必须把自己想象成主人公，和主人公同喜同悲。先说一个童话故事的题目，然后再说说主人公是谁，从哪里可以看出他的快乐或伤心。

3. 展示拿手好戏。把你讲得最好的那个故事讲给同学们听，要按一定的顺序讲，还要用恰当的语气、表情、动作来增强表达效果。做好准备，上台展示吧！

4. 交流背后故事。读书有趣，读书背后的故事同样有趣。在每天的阅读过程中，在你身上，在家里，在学校发生过哪些事情让你记忆犹新？说给大家听听吧。

11. 稻草人

叶圣陶

田野里白天的风景和情形,有诗人把它写成美妙的诗,有画家把它画成生动的画。到了夜间,诗人喝了酒,有些醉(zuì)了;画家呢,正在抱着精致的乐器低低地唱:都没有工夫到田野里来。那么,还有谁把田野里夜间的风景和情形告诉人们呢?有,还有,就是稻(dào)草人。

稻草人是农人亲手造的。他的骨架子是竹园里的细竹枝,他的肌肉和皮肤是隔(gé)年的黄稻草。破竹篮子、残荷叶都可以做他的帽(mào)子;帽子下面的脸平板板的,分不清哪里是鼻子,哪里是眼睛。他的手没有手指,却拿着一把破扇子——其实也不能算拿,不过用线拴(shuān)住扇柄(bǐng),挂在手上罢了。他的骨架子长得很,脚底下还有一段。农人把这一段插在田地中间的泥土里。他就整天整夜站在那里了。

稻草人非常尽责。要是拿牛跟他比,那么牛比他

闹翻天的梦幻国

懒怠（lǎn dài）多了，有时躺在地上，抬起头看天。要是拿狗跟他比，那么狗比他顽皮多了，有时到处乱跑，累得主人四外去找寻。他从来不嫌（xián）烦，不像牛那样躺着看天；也从来不贪玩，不像狗那样到处乱跑。他安安静静地看着田地，手里的扇子轻轻摇动，赶走那些飞来的小雀。他们是来吃新结的稻穗（suì）的。他不吃饭，也不睡觉，就是坐下歇一歇也不肯，总是直挺挺地站在那里。

> 稻草人是怎么开展工作的？他的优点是什么？

这是当然的，田野里夜间的风景和情形，只有稻草人知道得最清楚，也知道得最多。他知道露水怎么样凝（níng）在草叶上，露水的味道怎么样香甜；他知道星星怎么样眨眼，月亮怎么样笑；他知道夜间的田野怎么样沉静，花草树木怎么样酣（hān）睡；他知道小虫们怎么样你找我、我找你，蝴蝶们怎么样恋（liàn）爱。总之，夜间的一切他都知道得清清楚楚。

以下就讲讲稻草人在夜间遇见的几件事。

一个满天星斗的夜里，他看守着田地，手里的扇子轻轻摇动。新出的稻穗一个挨（āi）一个，因为星光射在上面，有些发亮，像顶着一层水珠；有一点儿风，就"沙啦沙啦"地响。稻草人看着，心里很高兴。他想，今年的收成一定可以使他的主人——一位可怜的老太太——笑一笑了。她以前哪里笑过呢？八九年前，她的丈夫死了。她想起来就哭，眼睛到现在还红着，而且成了毛病，动不动就流泪。她只有一个儿子。娘儿俩费(fèi)苦力种这块田，足足有三年，才勉(miǎn)强把她丈夫的丧葬费还清。没想到儿子紧接着得了白喉(hóu)，也死了。她当时昏过去了，后来就落了个心痛的毛病，常常犯。这回只剩她一个人了。她老了，没有气力，还得用力耕(gēng)种，又挨了三年，总算把儿子的丧葬费也还清了。可是接着两年闹水，稻子都被淹了，不是烂了就是发了芽。她的眼泪流得更多了，眼睛受了伤，看东西模糊(mó hu)，稍微远一点儿就看不见。她的脸上满是皱(zhòu)纹，倒像个风干的橘(jú)子，哪里会露出笑容来呢！可是今年的稻子长得好，很壮实，雨水又不多，像是能丰收似的。所以稻草人替她高兴，想到收割的那一天，她看见收下的稻穗又大又饱满，都是她自己的，总算没有白受累，脸上的皱纹一定会散开，露出欣慰(wèi)、满意的笑容吧。如果真有这一笑，在稻草人看来，那就比星星、月亮的笑更可爱，更珍贵，因为他爱他的主人。

> 老太太有着怎样悲惨的命运？

> 稻草人为什么会替老太太感到高兴？读一读稻草人心里的想法，说说你想到了什么。

稻草人正在想的时候，一只小蛾飞来，是灰褐(hè)色的小蛾。他立刻认出那小蛾是稻子的仇敌，也就是主人的仇敌。从他的职务想，从他对主人的感情想，他都

必须把那小蛾赶跑了才是。于是他手里的扇子摇动起来。可是扇子的风很有限，不能够叫小蛾害怕。那小蛾飞了一会儿，落在一片稻叶上，简直像不觉得稻草人在那里驱逐（qū zhú）他似的。稻草人见小蛾落下了，心里非常着急。可是他的身子跟树木一样，定在泥土里，想往前移动半步也做不到；扇子尽管摇动，那小蛾却依旧稳稳地歇（xiē）着。他想到将来田里的情形，想到主人的眼泪和干瘪（biě）的脸，又想到主人的命运，心里就像刀割一样。但是那小蛾是歇定了。不管稻草人怎么赶，小蛾就是不动。

> 稻草人有没有赶走小蛾？读读关于稻草人动作和心理的描写，你体会到了什么？

星星结队归去，一切夜景都隐没的时候，那小蛾才飞走。稻草人仔细看那片稻叶，果然，叶尖卷起来了，上面留着好些小蛾下的子。这使稻草人感到无限惊恐，心想："祸事真的来了，越怕越躲不过；可怜的主人，她有的不过是两只模糊的眼睛；我要告诉她，使她及早看见小蛾下的子，才能挽救呢。"他这么想着，扇子摇得更勤了。扇子常常碰在身体上，发出"啪啪"的声音。他不会叫喊，这是唯一的警告主人的法子了。

> 景物描写的句子生动、形象。有感情地朗读一下吧！你能模仿着说这样的句子吗？

老妇人到田里来了。她弯着腰，看看田里的水正合适，不必再从河里车水进来。又看看她亲手种的稻子，全很壮实；摸摸稻穗，沉甸甸的。再看看那稻草人，帽子依旧戴得很正，扇子依旧拿在手里，摇动着，发出"啪啪"的声音，并且依旧站得很好，直挺挺的，位置没有动，样子也跟以前一模一样。她看一切事情都很好，就走上田岸，预备回家去搓草绳。

> 圈画出描写老妇人动作的词，也圈画出描写稻草人动作的词。从这些动词中你体会到了什么？

稻草人看见主人就要走了，急得不得了，连忙摇动扇子，想靠着这急迫的声音把主人留住。这声音仿佛在说："我的主人，你不要去呀！你不要以为田里的一切事情都很好。天大的祸事已经在田里留下根苗了。一旦发作起来，就要不可收拾了。那时候，你就要流干眼泪，揉（róu）碎心了。趁着现在赶早扑灭，还来得及。这儿，就在这一棵上，你看这棵稻子的叶尖呀！"他靠着扇子的声音反复地警告。可是老妇人哪里懂得，一步一步地走远了。他急得要命，还在使劲摇动扇子，直到主人的背影都望不见了，他才知道警告是无效的了。

除了稻草人以外，没有一个人为稻子发愁。他恨不得一下子跳过去，把那灾害的根苗扑灭了；又恨不得托风带个信，叫主人快快来铲（chǎn）除灾害。他的身体本来很瘦弱，现在怀着愁闷，更显得憔悴（qiáo cuì）了，连站直的劲儿

> 稻草人的身体为什么更加憔悴了？

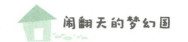

也不再有，只是斜着肩，弯着腰，好像害了病似的。

不到几天，在稻田里，蛾下的子变成的肉虫到处都是。夜深人静的时候，稻草人听见他们咬嚼(jiáo)稻叶的声音，也看见他们越吃越馋(chán)的嘴脸。渐渐地，一大片浓绿的稻全不见了，只剩下光秆(gǎn)儿。他痛心，不忍再看，想到主人今年的辛苦又只能换来眼泪和叹气，禁不住低头哭了。

> 小蛾下的子变成了什么？它们是怎么摧残稻子的？

这时候天气很凉了，又是在夜间的田野里，冷风吹得稻草人直打哆嗦。只因为他正在哭，没觉得。一个女人的声音忽然传来："我当是谁呢，原来是你。"他吃了一惊，才觉得身上非常冷。但是有什么法子呢？他为了尽责任，而且行动不由自主，虽然冷，但也只好站在那里。他看那个女人，原来是一个渔妇。田地的前面是一条河。那渔妇的船就停在河边，舱里露出一丝微弱的火光。她那时正在把撑起的罾(zēng)放到河底。罾沉下去，她就坐在岸上，等过一会儿把它拉起来。

舱里时常传出小孩子咳嗽(sòu)的声音，又时常传出困乏的、细微的喊妈的声音。这使她很焦心。她用力拉罾，总像很不顺手，几乎回回都是空的。舱里的孩子还在咳嗽，还在喊，她就向舱里说："你好好儿睡吧！等我得了鱼，明天给你煮粥吃。你老是喊我，喊得我心都乱了，怎么能得鱼呢！"

孩子忍不住，还是喊："妈呀，把我渴坏了！给我点儿茶喝！"接着又是一阵咳嗽。

"这里哪来的茶！你老实一会儿吧，我的祖宗！"

"我渴死了！"孩子竟然大声哭起来。在夜间空旷（kuàng）的田野里，这哭声显得格外凄惨（qī cǎn）。

渔妇无可奈何，放下拉罾的绳子，上了船，进了舱，拿起一个碗，从河里舀了一碗水，转身给孩子喝。孩子一口气把水喝了下去。他实在渴极了。可是碗刚放下，他又咳嗽起来，并且更厉害了，后来就只剩下喘气。

渔妇顾不得管孩子，又上岸去拉她的罾。好久好久，舱里没有声音了，她的罾也不知又空了几回，才得了一条鲫（jì）鱼，有七八寸长。这是头一次收获。她很小心地把鱼从罾里取出来，放在一个木桶里，接着又把罾放下去。这个盛鱼的木桶就在稻草人的脚旁边。

这时候稻草人更加伤心了。他可怜那个病孩子，渴成那样，想喝一口茶都办不到；病成那样，还不能跟母亲一起睡觉。他又可怜那个渔妇，在这寒冷的深夜里打算明天的粥，所以不得不硬着心肠把生病的孩子扔下不管。他恨不得自己去做柴，给孩子煮茶喝；恨不得自己去做褥（rù），给孩子一些温暖；又恨不得夺下小肉虫的赃（zāng）物，给渔妇煮粥（zhōu）吃。如果他能走，他一定立刻照着他的心愿做；但不幸的是，他的身体跟树木一个样，定在泥土里，连半步也不能动。他没有法子，越想越伤心，哭得更痛心了。忽然听见"啪"的一声，他吓了一跳，停住哭，看出了什么事情，原来是鲫鱼被扔在了木桶里。

> 面对这穷苦的母子俩，稻草人想到了什么？读一读，体会一下稻草人的心情。

木桶里的水很少，鲫鱼躺在桶底，只有靠下的一面能够沾一些潮润。鲫鱼很难受，想逃，就用力向上跳。可跳了好几回，都被高高的桶框（kuāng）挡住，依旧掉在桶底，身体摔得很疼。鲫鱼向上的一只眼睛看见稻草人，就哀求说："我的朋友，你暂且放下手里的扇子，救救我吧！我离开我水里的家，就只有死了。好心的朋友，救救我吧！"

> 鲫鱼是怎样向上挣扎的？圈出描写鲫鱼动作的词。

听见鲫鱼这样恳（kěn）切的哀求，稻草人非常心酸，但是他只能用力摇动自己的头。他的意思是："请你原谅我，我是个柔弱无能的人哪！我的心不但愿意救你，而且愿意救那个捕你的妇人和她的孩子，除了你、渔妇和孩子，还有一切受苦受难的。可是我跟树木一样，定在泥土里，连半步也不能自由移动，

我怎么能照我的心愿去做呢!请你原谅我,我是个柔弱无能的人哪!"

鲫鱼不懂稻草人的意思,只看见他连连摇头,愤怒就像火一般地烧起来了。"这又不是什么难事!你竟没有一点儿心,只是摇头!原来我错了,自己遇到困难,为什么求别人呢!我应该自己干,想法子,不成,也不过一死罢了,这又算得了什么!"鲫鱼大声喊着,又用力向上跳,这回用了十二分力,连尾巴和胸鳍(qí)的尖端都挺起来了。

> 读一读鲫鱼的内心独白,体会鲫鱼的心情。

稻草人见鲫鱼误解了他的意思,又没有办法向鲫鱼说明,心里很悲痛,就一面叹气一面哭。过了一会儿,他抬头看看,渔妇睡着了,一只手还拿着拉罾的绳。这是因为她太累了,虽然想着明天的粥,但也终于支持不住了。桶里的鲫鱼呢?跳跃的声音听不见了,尾巴好像还在断断续续地拨(bō)动。稻草人想,这一夜许多痛心的事都凑(còu)在一块儿了,真是个悲哀的夜!可是看那些吃稻叶的小强盗,他们高兴得很,吃饱了,正在光秆儿上跳舞呢。稻子的收成算完了,衰老的主人的力气又白费了,世界上还有比这更可怜的吗?

> 这个悲哀的夜里发生了几件令人痛心的事?你有什么感受?

夜更暗了,连星星都显得无光。稻草人忽然觉得由

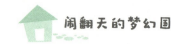

侧面田岸上走来一个黑影，近了，仔细一看，原来是个女人，穿着肥大的短袄(ǎo)，头发很乱。她站住，望望停在河边的渔船；一转身，向着河岸走去；不多几步，又直挺挺地站在那里。稻草人觉得很奇怪，就留心看着她。

一种非常悲伤的声音从她的嘴里发出来，微(wēi)弱，断断续续，只有听惯了夜间一切细小声音的稻草人才听得出。那声音说："我不是一头牛，也不是一头猪，怎么能让你随便卖给人家！我要跑，不能等着明天真被你卖给人家。你有一点儿钱，不是赌两场输了就是喝几天黄汤花了，管什么用！你为什么一定要逼我？……只有死，除了死没有别的路！死了，到地下找我的孩子去吧！"这些话又哪里成话呢？她抽抽搭搭地哭，声音都被搅乱了。

> 从女人的语言描写中,你知道她身上发生了什么悲惨的事吗？

稻草人非常心惊，又是一件惨痛的事情让他遇见了。她要寻死呢！他着急，想救她，自己也不知道为什么。他又摇起扇子来，想叫醒那个沉睡的渔妇。但是办不到，那渔妇睡得很死，一动也不动。他恨自己，不该像树木一样定在泥土里，连半步也不能动。见死不救不是罪恶吗？自己就正在犯着这种罪恶。

> 稻草人的内心世界让你觉得他有什么优秀的品质？

这真是比死还难受的痛苦啊！"天哪，快亮吧！农人们快起来吧！鸟儿快飞去报信吧！风快吹散她寻死的念头吧！"他这样默默地祈祷。可是四围还是黑洞洞的，也没有一丝儿声音。他心碎了，怕看又不能不看，就胆怯(qiè)地死盯着站在河边的黑影。

那女人沉默着站了一会儿，身子往前探了几探。稻草人知道可怕的时候到了，手里的扇子拍得更响。可是她并没跳，又直挺挺地站在那里。

又过了好一会儿，她忽然举起胳膊，身体像倒下一样，向河里蹿去。稻草人看见这样，没等到听见她掉在水里的声音，就昏过去了。

第二天早晨，农人从河岸经过，发现河里有死尸，消息立刻就传出去了。附近的男男女女都跑来看。嘈(cáo)杂的人声惊醒了酣睡的渔妇。她看那木桶里的鲫鱼，已经僵僵地死了。她提着木桶走回船舱。生病的孩子醒了，脸显得更瘦了，咳嗽也更加厉害了。那老农妇也随着大家到河边来看，走过自己的稻田，顺便看了一眼。没想到才几天工夫，完了，稻叶、稻穗都没有了，只留下直僵(jiāng)僵的光秆儿。她急得跺脚，捶(chuí)胸，放声大哭。大家跑过来问她、劝她，看见稻草人倒在田地中间。

> 悲惨的结尾让你有什么感受？

（略有改动）

乐行乐思

读了这个故事后,请你去查一查作者写这个故事的背景,那样你就会知道他为什么把这个故事写得这么悲惨了。

12. 小白船

叶圣陶

一条小溪是各种可爱的东西的家。小红花站在那儿，只顾微笑，有时还跳起好看的舞来。绿色的草上缀(zhuì)着露珠，好像仙人的衣服，耀(yào)得人眼花。水面上铺着青色的萍叶，矗起一朵朵黄色的萍花，好像热带地方的睡莲——可以说是小人国里的睡莲。小鱼儿成群地来来往往，细得像绣花针，只有两颗大眼珠闪闪发光。青蛙老瞪着眼睛，不知守在那儿干什么，也许在等待他的好朋友。

> 这段景物描写写得好吗？好在哪里？

水面上有极轻微(wēi)的声音，是鱼儿在奏乐。他们会用他们的特别的方法，奏出奇妙的音乐来："泼刺(là)……泼刺……"好听极了。他们邀小红花跟他们一起跳舞。绿萍要炫耀自己的美丽的衣服，也跟了上来。小人国里的睡莲高兴得轻轻地抖动。青蛙看呆了，不知不觉随口唱起歌儿来。

> 在你的生活中也有这样有趣、可爱的事物吗？

闹翻天的梦幻国

小溪上的一切东西更加有趣，更加可爱了。

小溪的右岸停着一条小小的船。这是一条很可爱的小船：船身是白的，它的舵和桨(jiǎng)、它的帆，也都是白的；形状像一支梭(suō)子，又狭(xiá)又长。胖子是不配乘这条船的。胖子一跨上船，船身一侧，就掉进水里去了。老人也不配乘这条船。老人脸色黝(yǒu)黑，额角上布满了皱纹。坐在小船上，被美丽的白色一衬托，老人会羞得没处躲藏。这条小船只配给活泼美丽的小孩儿乘。

> 为什么说这条船只配给活泼美丽的小孩儿乘？

真有两个孩子向溪边走来了。一个是男孩儿，穿着白色的衣服，脸色红得像个苹果；一个是女孩儿，穿着很淡的天蓝色的衣服，脸色也很红润，而且更加细嫩。他们俩手牵着手，用轻快的步子穿过了小树林，来到小溪边上，跨上了小白船。小白船稳稳地载(zài)着他们两个，略微摆了两下，好像有点儿骄傲。

男孩儿说："咱们在这儿坐一会儿吧。"

"好，咱们看看小鱼儿。"女孩儿靠着船舷回答。

小鱼儿依旧奏他们的音乐，青蛙依旧唱他的歌。男孩儿摘了一朵萍花，插在女孩儿的辫子上。他看着笑了起来，说："你真像个新娘子了。"

女孩儿好像没听见，她拉了拉男孩儿的衣袖，说："咱们来唱《鱼儿歌》，咱们一同唱。"

12. 小 白 船

他们唱起歌儿来：

鱼儿来，鱼儿来，
我们没有网，我们没有钩儿。
我们唱好听的歌，
愿意跟你们一块玩儿。

鱼儿来，鱼儿来，
我们没有网，我们没有钩儿。
我们采好看的花，
愿意跟你们一块玩儿。

鱼儿来，鱼儿来，
我们没有网，我们没有钩儿。
我们有快乐的一切，
愿意跟你们一块玩儿。

歌还没唱完，大风刮起来了。小溪两岸的花和草，跳舞的拍子越来越快了，水面上也起了波纹。男孩儿张起帆来，要乘风航行。女孩儿掌着舵（duò），手按在舵把上，像个老船工。只见两岸的景物飞快地往后退，小白船像一条飞鱼，在小溪上一直向前飞。

小白船为什么会一直向前飞？作者把小白船比作了什么？你喜欢这种说法吗？

闹翻天的梦幻国

> 小白船的帆像什么？为什么会这样呢？这样写有什么好处？

风真急呀，两岸的景色都看不清楚了，只见一抹一抹的黑影向后闪过。船底下的水声盖过了一切声音。帆盛满了风，好像弥勒佛的大肚子。小白船不知要飞到哪儿去！两个孩子慌了。航行了很久，不知到了什么地方。他们想让小白船停住，可是又办不到。小白船飞得正欢哩。

> 找出这一页中描写风大的句子，有感情地读一读。

女孩儿哭了，她想起她的妈妈，想起她的小床，想起她的小黄猫，今天恐怕都见不着了。虽然有亲爱的小朋友跟她在一起，可是妈妈、小床、小黄猫，她都舍不得呀。

男孩儿给她理好被风吹散的头发，又用手盛她流下来的眼泪。他说："不要哭，好妹妹。一滴眼泪就像一滴甘露，你得爱惜呀。大风总有停止的时候，就像巨浪总有平静的时候一个样。"

女孩儿靠在他的肩膀上，哭个不停，好像一位悲伤的仙女。

男孩儿想办法让船停住。他叫女孩儿靠紧船舷(xián)，自己则站了起来，左手拉住帆绳的活扣，右手拿着桨。他很快地抽开活扣，用桨顶住岸边。帆落下来了，小白船不再向前飞了。他看看岸

> 圈画此处描写男孩动作的词，读一读，你感受到了什么？

上，却是一片没有人的旷(kuàng)野。

两个孩子上了岸。风还像发了狂似的。大树摇得都有点儿累了。女孩儿才擦(cā)干眼泪，看看四面没有人，也没有房屋，眼泪又像泉水一样涌出来了。男孩儿安慰她说："没有房屋，咱们有小白船呢。没有人，咱们两个在一起，不也很快活吗？咱们一同玩儿去吧！"

女孩儿跟着他一直向前走。风吹在身上有点儿冷，他们就紧紧靠在一起，互相用手搂住腰。走了几百步远，他们看见一棵野柿子树，树上熟透的柿子好像无数的玛瑙球，有的落在地上。女孩儿拾起一个，掰开来一尝，甜极了，她就叫男孩儿也拾来吃。

他们俩坐在地上吃柿子，把一切都忘记了。忽然矮树丛里跑出一只小白兔来，到了他们跟前就伏着不动了。女孩儿把它抱在怀里，抚摸它柔软的毛。男孩儿笑着说："咱们又有了一个同伴，更不寂(jì)寞(mò)了。"他掰开一个柿子喂给小白兔吃。红色的果浆涂了小白兔一脸。

你喜欢这只小白兔吗？为什么？

远远地有个人跑来了，个子特别高，脸长得很可怕。他看见小白兔在他们身边，就板起了脸，说他们偷了他的小白兔。

男孩儿急忙辩(biàn)白说："它是自己跑来的。我们喜欢它。一切可爱的东西，我们都爱。"

闹翻天的梦幻国

那个人点点头说:"既然这样,我也不怪你们。你们把小白兔还给我就是了。"

女孩儿舍不得,把小白兔抱得更紧(jǐn)了,脸贴着它的白毛,好像要哭出来了。那个人全不理会,伸手就把小白兔夺走了。

这时候,风渐渐缓(huǎn)和了。男孩儿想,既然遇到了人,为什么不问一问呢。他就问那个人,这儿离家有多远,该从哪条河走。

> 这个人说送两个孩子回家,你觉得这个人怎么样?

那个人说:"你们家离这儿二十多里呢。河水曲折。你们一定认不得回去的路了。我可以送你们回去。"

女孩儿快活极了,她想,这个人长得可怕,心肠原来很慈善,就央求说:"咱们快上船吧。妈妈和小黄猫都在等着我们呢!"

那个人说:"这可不成。我送你们回去,你们用什么酬(chóu)谢我呢?"

> 男孩和女孩都表示用礼物来感谢这个送他们回家的人。你觉得他们怎么样?

男孩儿说:"我送给你一幅美丽的图画。"

女孩儿说:"我送给你一束波斯菊。红的白的都有,真好看呢!"

那个人摇头说:"我什么也不要。我有三个问题,你们能回答出来,我就送你们回去;要是答不出来,我抱着小白兔就自己走了。你们愿意吗?"

"愿意！"他们一同回答。

那个人说："第一个问题，鸟儿为什么要唱歌？"

"它们要唱给爱它们的人听。"女孩儿抢先回答。

那个人点点头说："算你答得不错。第二个问题，花儿为什么香？"

男孩儿回答说："香就是善。花是善的标志。"

那个人拍手说："有意思。第三个问题，为什么你们乘的是小白船？"

> 想一想，这三个问题，你会怎么回答呢？

女孩儿举起右手，好像在课堂上回答老师似的："因为我们纯洁，只有小白船才配让我们乘。"

那个人大笑起来，说："好，我送你们回去。"

两个孩子高兴极了。他们互相抱着，亲了一下，就跑回小白船上了。

仍旧是女孩儿掌舵，男孩儿和那个人各划一支桨。女孩儿看着两岸的红树、草屋、田地，都像神仙的世界，更使她满意的是那只小白兔没有离开她，这时候就在她的脚边。她伸手采了一支蓼(liǎo)花让它咬，逗着它玩儿。

男孩儿说："没有这场大风，就没有此刻的快乐。"

> 这则故事的结尾美吗？故事中还有什么是美的？

女孩儿说："要是咱们不能回答他的问题，此刻还有快乐吗？"

那个人划着桨,看着他们微笑,不开口。

等到小白船回到原来停泊的地方,小红花和绿叶早已停止了跳舞,萍叶盖着睡熟(shú)了的小鱼儿,只有青蛙还在不停地唱歌。

(略有改动)

读了这则故事,你能画一画故事中的场景吗?

13. 一粒种子

叶圣陶

世界上有一粒种子，像核桃那样大，绿色的外皮非常可爱。凡是看见它的人，没一个不喜欢它。听说，要是把它种在土里，它就能够钻出碧玉一般的芽来。开的花呢，当然更美丽，不论是玫瑰、牡丹、菊花，都比不上它；并且有浓郁的香气，不论是芝兰、桂花、玉簪(zān)，都比不上它。可是从来没有人种过它，自然也就没有人见过它的美丽的花，闻过它的花的香气。

> 作者把这粒种子开的花跟什么花相比？为什么这样写？

国王听说有这样一粒种子，欢喜得只是笑。白花花的胡子密得像树林，盖住他的嘴。现在树林里露出一个洞——因为嘴笑得合不上了。他说："我的园里，什么花都有了。北方冰雪底下开的小白花，我派专使去移了来。南方热带，像盘子那样大的莲花也有人送来进贡(gòng)。但是，这些都是世界上平常的花，我

> 国王为什么想得到这粒种子？

闹翻天的梦幻国

弄得到，人家也弄得到，又有什么稀奇？现在好了，有这样一粒种子，只有一粒。等它钻出芽来，开出花来，世界上就没有第二棵。这才显得我最尊(zūn)贵，最有权力。哈！哈！哈！……"

> 圈出国王种种子的动词，想一想你是怎样种植物的种子的？

国王就叫人把这粒种子取来，种在一个白玉盆里。土是御(yù)花园里的，筛(shāi)了又筛，总怕它还不够细。浇的水是用金缸盛着的，滤(lǜ)了又滤，总怕它还不够干净。每天早晨，国王亲自把这个盆从暖房里搬(bān)出来，摆在殿前的玉阶上，晚上还亲自搬回去。天气一冷，暖房里还要生上火炉，热烘(hōng)烘的。

国王就是在梦里，也想看盆里钻出碧玉一般的芽来，醒着的时候更不必说了，老坐在盆旁边等着。但是哪儿有碧玉一般的芽呢？只有一个白玉的盆，盛着灰黑的泥。

时间像逃跑一般过去，转眼就是两年。春天，草发芽的时候，国王在盆旁边祝福说："草都发芽了，你也跟着来吧！"秋天，许多种子发芽的时候，国王又在盆旁边祝福说："第二批芽又出来了，你该跟着来了！"但是一点儿效果也没有。于是国王生气了，他说："这是死的种子，又臭又难看，我要它干

> 种子发芽了吗？猜一猜接下来会发生什么。

吗!"他就把种子从泥里挖出来。种子还是从前的样子,像核桃那样大,皮绿油油的。他越看越生气,就使劲往池子里一扔。

种子从国王的池子里,跟着流水,流到乡间的小河里。渔夫在河里打鱼,一扯网,把种子捞了上来。他觉得这是一粒稀奇的种子,就高声叫卖。

富翁听见了,欢喜得直笑,眼睛眯到一块儿,胖胖的脸活像个打足了气的皮球。他说:"我的屋里,什么贵重的东西都有了。鸡子那么大的金刚钻,核桃那么大的珍珠,都出大价钱弄到了手,可是又算得上什么呢!不只我一个人有,并且,张口金银珠宝,闭口金银珠宝,真有点儿俗气。现在呢,有这么一粒种子——只有一粒!这要开出花来,不但可以显得我高雅,而且可以把世界上的富翁都盖过去。哈!哈!哈!……"

> 富翁为什么想要得到这粒种子?

富翁就到渔夫那里把种子买了来,种在一个白金缸里。他特意雇了四个有名的花匠,专门照顾这一粒种子。这四个花匠是从三百多人里用考试的办法选出来的。考试的题目特别难,一切种植名花的秘诀,都问到了,他们都答得头头是道。富翁给他们很高的工钱,另外还有安家费,为的是让他们能安心工作。这

> 富翁是怎样种这粒种子的?

四个人确实尽心尽力，轮班在白金缸旁边看着，一分一秒也不断人。他们把本领都用出来，用上好的土、上好的肥料，按时浇水，按时晒，总之，凡是他们能做的他们都做了。

富翁想："这样精心照看，种子发芽一定加倍地快。到开花的时候，我就大宴宾客。把那些跟我差不多的富翁都请到。让他们看看我这天地间没第二份的美丽的奇花，让他们佩服我最阔气，我最优越。"他这么想着，越想越着急，过一会儿就到白金缸旁边看看。但是哪里有碧玉一般的芽呢？只有一个白金缸，盛着灰黑的泥。

> 富翁的这粒种子发芽了吗？猜猜接下来会发生什么。

时间像逃跑一般过去，转眼又是两年。春天，快到请客的时候了，富翁在缸旁边祝福说："我就要请客了，你帮帮忙，快点儿发芽开花吧！"秋天，快到宴客的时候了，他又在缸旁边祝福说："我又要请客了，你帮帮忙，快点儿发芽开花吧！"但是一点儿效果也没有。于是富翁生气了，他说："这是死的种子，又臭又难看，我要它干吗！"他就把种子从泥里挖出来。种子还是从前的样子，像核桃那样大，皮绿油油的。他越看越生气，就使劲往墙外边一扔。

种子跳过墙，掉在一个商店门口。商人拾起来，高

兴极了，他说："稀奇的种子掉在我的门口，我肯定要发财了。"他把种子种在商店旁边。他盼着种子快发芽开花，每天开店的时候去看一回，收店的时候还要去看一回。一年很快过去了，并没有碧玉一般的芽钻出来。商人生气了，说："我真是个傻子，以为是什么稀奇的种子！原来是死的，又臭又难看。现在明白了，不为它这个坏东西耗费精神了。"他就把种子挖出来，往街上一扔。

> 种子在商人的店旁发芽了吗？它后来去了哪里？

种子在街上躺了半天，跟脏土一块儿被清道夫扫到垃圾车里，倒在了军营旁边。一个兵士拾起来，很高兴地说："稀奇的种子让我拾着了，我肯定要升官了。"他就把种子种在军营旁边。他盼着种子快发芽开花，下操的时候就蹲在旁边看着，怀里抱着短枪。别的兵士问他蹲在那里干什么，他瞒着不说。

一年多过去了，还没见碧玉一般的芽钻出来，兵士生气了，说："我真是个傻子，以为是什么稀奇的种子！原来是死的，又臭又难看。现在明白了，不为它这个坏东西耗费精神了。"他就把种子挖出来，用尽全身的力气，往很远的地方一扔。

> 种子在军营旁边发芽了吗？后来它去了哪里？

种子像坐了飞机，飞起来了。飞呀，飞呀，飞呀，最后掉下来，正是一片碧绿的麦田。

闹翻天的梦幻国

> 读一读关于农夫外貌的描写,你感受到了什么?

麦田里有个年轻的农夫,皮肤晒得像酱的颜色,红里透黑,胳膊上的筋肉一块块地凸起来,像雕刻的大力士。他手里拿着一把曲颈锄,正在刨松田地里的土。他锄一会儿,抬起头来四处看看,嘴边透出和平的微笑。

他看见种子掉下来,说:"真是一粒可爱的种子!种上它吧。"他就用锄刨了一个坑,把种子埋在里边。

他照常工作,该耕就耕,该锄就锄,该浇就浇——自然,对待种那粒种子的地方也一样,耕,锄,浇,样样都做到了。

没几天,在埋那粒种子的地方,碧绿的像小指那样粗的嫩芽钻出来了。又过了几天,拔干,抽枝,一棵活像碧玉雕成的小树站在田地里了。树梢上很快长了花苞,起初只有核桃那样大,长啊,长啊,像橘子了,像苹果了,像柚子了,终于长到西瓜那样大,开花了:瓣是红的,数不清有多少层;蕊是金黄的,数不清有多少根。由花瓣上,由花蕊里,一种新奇的浓郁的香味放出来,不管是谁,走近了,沾在身上就永远不散。

> 农夫是怎样照料这粒种子的?种子又是怎样长大的?

年轻的农夫还是照常工作,在田地里来来往往。从这棵稀奇的树旁边走过的时候,他稍微站一会儿,看看花，看看叶，嘴边透出和平的微笑。

乡村的人都来看这稀奇的花。回去的时候，脸上都挂着和平的微笑，满身都沾上了浓郁的香味。

> 故事的结尾为什么两次提到"和平的微笑"？

（略有改动）

乐行乐思

读完故事，画一画种子的经历示意图。想一想，作者想告诉我们什么道理呢？

14. 芳儿的梦

叶圣陶

> 姊姊的花球是用什么扎成的？它有哪些颜色？

芳儿看姊（zǐ）姊采了许多许多凤仙花，白的，红的，绯（fēi）色的，撒锦的，用细线把花扎起来，扎成了一个又大又圆的球。姊姊把大花球挂在窗前，看着它只是笑。大花球摇摇晃晃，花瓣儿微微抖动，好像害羞似的。芳儿想："这个花球跟学生们踢的皮球差不多大，挂在窗前干什么呢？凤仙的枝上要是能开这样大的花球就好了，我就可以把它当皮球踢了。姊姊只是看着它笑，难道花球会飞到天上去吗？"

芳儿正想得出神，姊姊问他说："明天妈妈生日，你送什么东西给她做礼物呢？你看我这花球多么好！花是我种的，也是我采的。我把它扎成了这样一个花球。妈妈看了，一定说我能干，说我爱她。"

> 芳儿想送什么礼物给妈妈？

芳儿想："姊姊有礼物，我自然也要送给妈妈一件礼物。我的礼物一定

14. 芳儿的梦

要比她的好。送一只小猎狗吧？不行。小猎狗是妈妈给我的，怎么能送还给妈妈呢？送积木吧？不行。积木是舅舅给的，还是妈妈给我带回来的呢，怎么能送给妈妈呢？送一朵大理花吧？也不行。姊姊送了凤仙花球，我也送花，不是跟姊姊的礼物重了吗？"

芳儿心里不自在起来。他不看姊姊扎的花球了，低着头坐在小椅子上默默地想。他想到树林里的香草，山坡上的小石子儿，溪边的翠鸟，小河里的金鱼；他想到家里所有的东西，街上所有的东西，野外所有的东西：想来想去都不合适，都不配送给妈妈做生日礼物。他要找一件非常稀罕（hǎn）的、独一无二的东西，拿来送给妈妈。这样才能让妈妈得到连做梦也想不到的欢喜，才能表达对妈妈的比海还深的爱。

> 芳儿为什么觉得这些东西都不能送给妈妈呢？他想送给妈妈什么？

但是这件东西在哪里呢？

月亮升起来得真早啊，她躲在屋角后边偷偷地瞧着芳儿呢。院子的一个角落亮起来了，缠绕（chán rào）在篱笆上的茑（niǎo）萝也发出光彩了。白天看那茑萝，就像姊姊的新衣裳似的，嫩绿的底子上绣了许多小红花；现在颜色变了，都涂上了一层银色的光。

芳儿感觉到月亮在偷看他，不由得抬起头来。他说："月亮姊姊，你

> 芳儿对月亮说了什么？你有什么感受？

077

闹翻天的梦幻国

来得好早。我要送一件东西给妈妈，做她的生日礼物。这件东西要非常美丽，非常难得，要让妈妈能得到连做梦也想不到的欢喜，要能表达我对妈妈的比海还深的爱。聪明的月亮姊姊，你一定知道这是一件什么东西，请告诉我吧！"

月亮只是对着芳儿微笑。她越走越近了，全身射出活泼的光。

> 读一读描写月亮和云彩的句子，感受这些景物的美好。

月亮身边浮着些淡淡的微云。他们穿着又轻又白的衣裳，飘呀飘呀，好像跳舞的女郎。他们怕月亮寂寞，所以陪着她；他们怕月亮力乏，所以托着她。

芳儿把他的心事告诉云，恳求他们说："云哥哥，你们伴着月亮出来玩儿吗？我要送一件东西给妈妈，做她的生日礼物。这件东西要非常美丽，非常难得，要让妈妈能得到连做梦也想不到的欢喜，要能表达我对妈妈的比海还深的爱。聪明的云哥哥，你们一定知道这是一件什么东西，请告诉我吧！"

云哥哥们只是拥着月亮姐姐，在深蓝色的天幕（mù）上一边跳舞，一边前进。

芳儿想，他们玩得太高兴了，高兴得没听到他在说话。他就把小椅子搬到了院子里，索（suǒ）性坐下来看他们跳舞。起先，月亮姊姊跳的是节奏很快的小步舞。

云哥哥们紧紧地追随着,又轻又白的衣裳都飘了起来,更加好看了。后来,月亮姊姊好像疲倦(pí juàn)了,在中天站住了。云哥哥们围绕着她,缓慢地兜(dōu)着圈子,衣裳渐渐垂下来了。

芳儿趁这个时候,把他的心事又说了一遍,恳求月亮姊姊和云哥哥们给他指点。他留心看天上,月亮姊姊和云哥哥们真的听见他的话了。月亮姊姊露着笑脸,看着身边;云哥哥们从宽大的白衣袖里伸出手来,指着身边。他们身边有无数灿烂的星星,原来他们指的就是星星。

芳儿快活极了,他明白了:"这才是最美妙的礼物啊!月亮姊姊和云哥哥们真聪明呀!姊姊送给妈妈一个花球。我送给妈妈一条星星串成的项链(liàn)。明天,我要把星星项链亲手挂在妈妈的脖子上,让无数耀眼的光从妈妈身上射出来,不是非常美丽吗?人家的妈妈戴的是珍珠串成的项链、宝石串成的项链,都是人间有的东西。我送给妈妈的,却是一条星星串成的项链,不是非常稀罕吗?我把这样的一条项链挂在妈妈的脖子上,妈妈自然欢喜得连做梦也想不到。别人当然想不到送这样的礼物,只有我送这样的礼物,因为我爱妈妈爱得比海还深。"

芳儿谢谢月亮姊姊,谢谢云哥哥们,对他们说:

> 芳儿决定送给妈妈的礼物是什么?

"祝愿你们永远美丽，永远快乐，永远笑，永远跳舞，永远帮助我，告诉我我所想不到的一切事儿。"

这时候，芳儿的姊姊也到院子里来乘凉了。她端来一张藤（téng）椅，坐在芳儿旁边，脸上还带着笑。她正在想，凤仙花球多么美丽，妈妈见了会怎样欢喜。

芳儿拿姊姊的手轻轻地贴在自己的脸上，看着姊姊说："我已经想到了送给妈妈的礼物。好极了，比你的凤仙花球好几百倍。我现在不告诉你。"

"什么好东西？好弟弟，快说给我听吧。"

"我不说，明天你看就是了。这个东西近在眼前，远在天边。没有什么比它更美丽的了。谁都不曾有过。"

> 芳儿把礼物告诉姊姊了吗？

芳儿不说，姊姊只好猜。她猜了许许多多东西。香草，小石子儿，翠鸟，金鱼，家里所有的东西，街上所有的东西，野外所有的东西，她都猜遍了。芳儿只是笑，只是摇头。姊姊急了，双手合十，央求他说："拜托你，好弟弟，你告诉我吧。我一定不告诉别人。夜晚睡了，我连枕头也不告诉。好弟弟，快说吧！"

芳儿说："你一定要我说，得先依我一件事儿。咱们俩先跳一会儿绳。跳过绳，我再告诉你。"

姊姊就和芳儿一同跳起绳来。月光从头顶上射下来，院子里一片银光。他们俩全身浴在银光里，两个短短的影子在地上舞动。姊姊的头发飘了起来，影子更加好看了。他们先把绳子向前摔（shuāi），再把绳子向后摔，最后俩人并排一起跳。四只小小的脚像燕子点水似的，刚着地就又离开了地面。绳子在脚底下一闪而过，几乎分辨不清。他们俩好像被包在一个透明的大圆球里。

> 芳儿和姊姊一起干了什么？读一读，体会他们的欢乐。

姊姊喘息了，芳儿也满脸是汗，他们才停了下来。芳儿坐在小椅子上用手拭脸上的汗。姊姊催他说："我依了你了，现在你好说了，究竟是什么东西？"

芳儿凑在姊姊的耳边说："我的礼物是星星串成的项链。"

芳儿睡在雪白的罗帐（zhàng）里，睡得很熟，脸上好像在笑，呼吸很均匀。他应当有一个可爱的梦。

他起来了，是月亮姊姊催他起来的。月亮姊姊穿了一身淡蓝色的衣裳，笑的时候露出银色的牙齿。芳儿觉得她可爱极了，就投到了她的怀里。月亮姊姊拍拍他的背，对他说："你忘记了要送给妈妈的礼物了吗？跟着我去吧，我带你去取。"

> 是谁提醒芳儿要取给妈妈的礼物的？

芳儿非常感激月亮姊姊，催她快点儿动身。月亮姊姊牵着芳儿的手，一同轻轻地飘起来了。虽然离开了地面在空中迈步，但芳儿觉得两只脚仍旧像踏在地面上似的。他向下边望，地面上的一切都睡着了，盖着一条无边无际的银被。再看月亮姊姊，她那淡蓝色的衣裳被风吹得飘了起来，真是一位仙女。

芳儿的步子越迈越快，好像不费一点儿力气。星星就在他身边了，一颗颗都像荔(lì)枝那么大，光亮耀得他眼睛都花了。他已经来到星星群中，前后左右都是星星。他好像走进了一座结满果子的树林，只要一伸手就可以摘到。他再看看自己，自己被星星照得通身透亮。他快乐极了，就动手摘起星星来。

> 芳儿摘到星星了吗？他是怎么摘的？

星星轻得几乎没有分量，摘起来挺容易。他一连摘了几百颗，用衣裳兜(dōu)着，快要兜满了。月亮姊姊送给他一条美丽的丝绳，还帮他把一颗颗星星贯(guàn)串起来，串成项链。

这样美丽的项链，世界上从来没有过，现在却在芳儿手里。他要把这样一条项链送给妈妈，作为妈妈的生日礼物。

芳儿心里想的，就是要让妈妈得到连做梦也想不到的欢喜，就是要表达他对妈妈的比海还深的爱。他捧着星星项链，飞奔回家，刚跨进门就大声喊："妈妈！妈妈！您在哪里？我送给您一件礼物，最最美丽的礼物，最最稀罕的礼物。"

妈妈跑出来，把芳儿抱在怀里。芳儿举起双臂，把星星项链挂在妈妈的脖子上。无法形容的透亮的光，从妈妈身上射出来，妈妈就成了一位仙女。芳儿自己不也成了个小仙人吗？看着妈妈脸上慈祥（cí xiáng）的笑，芳儿快活得手舞足蹈起来。

戴上项链的妈妈成了什么？芳儿成了什么？你觉得芳儿对妈妈的爱深吗？

芳儿的手和腿一动，他的梦就醒了。妈妈正伏在他的枕头旁边，脸上慈祥的笑，正跟芳儿在梦中看到的一个模样。

（略有改动）

乐行乐思

芳儿用星星串成的项链送给妈妈当生日礼物。你想用什么礼物来表达你对妈妈的爱呢？

闹翻天的梦幻国

15. 鲤鱼的遇险

叶圣陶

> 鲤鱼的家在哪里?读一读对鲤鱼的家的描写,你感受到了什么?

清澈(chè)见底的小河是鲤鱼们的家。白天,金粉似的阳光洒在河面上,又细又软的波纹好像一层薄薄的轻纱。在这层轻纱下面,鲤鱼们过着十分安逸的日子。夜晚,湛(zhàn)蓝的天空笼罩着河面,小河里的一切都睡着了。鲤鱼们也睡着了,连梦儿也十分甜蜜,有银盘似的月亮和宝石似的星星在天空里守着他们。

鲤鱼们从来没遇到过可怕的事儿,他们不懂得害怕,不懂得防备,不懂得逃避(bì)。他们慢慢地游来游去,非常轻松,非常快活。有时候大家争夺一片浮萍,都划动鳍(qí),甩动尾巴往上蹿(cuān)。抢在头里那一条衔住浮萍,掉头往河底一钻,别的鲤鱼都头碰在一起,"泼剌(là)"一声,河面上掀(xiān)起一朵浪花。一会儿,声音息了,浪花散了,河面又恢(huī)复了平静。鲤鱼们过的就是这样平静的生活。如果你站在岸上,一定不会觉察(chá)他们，就跟河里没有他们一个样。

鲤鱼们的好朋友是雪白的天鹅和五彩的鸳鸯。他们都能游水，像小船一样浮在河面上。每年秋天，他们从北方飞来，来到小河里探望鲤鱼们，把他们有趣的旅行讲给鲤鱼们听。鲤鱼们把他们新学会的舞蹈演给天鹅和鸳鸯看。他们高兴极了，每天的生活都是新鲜的，都有非常浓的趣味。因此鲤鱼们都抱着一种信念：凡是太阳、月亮和星星照到的地方，都跟他们的小河一样平静，都有要好的朋友，都有新鲜的生活，都充满着非常浓的趣味。

> 鲤鱼们的信念是什么？他们为什么会有这个信念？

大鲤鱼把他的信念告诉小鲤鱼，鲤鱼哥哥也这样告诉鲤鱼弟弟，鲤鱼姊姊也这样告诉鲤鱼妹妹。大家都说："这话不错，咱们这条河的确如此。咱们这条河有太阳、月亮和星星照着，因而可以相信，凡是太阳、月亮和星星照到的地方，都跟咱们这条河一个样。世界多么快活呀！咱们真幸福，生活在这样快活的世界上。"这几句话差不多成了鲤鱼赞美世界的歌儿了。每当太阳快落下去，微风轻轻吹过，河面上好像天国一般的时候，每当月亮才升起来，星星照耀，朦胧(méng lóng)的夜色好像仙境一般的时候，鲤鱼们就唱起这首赞美的歌儿来，庆祝他们的幸福生活。

> 鲤鱼们在什么时候会唱起这首歌？

闹翻天的梦幻国

这一天跟平常没有什么两样，河面上来了一条小船。鲤鱼们一点儿也不奇怪。常常有孩子们的游船在这里经过。那些男孩子、女孩子看见了鲤鱼们，总要把美丽的小脸靠在船舷上，挥着小手招呼他们，带着笑说："鲤鱼们，快来快来，给你们馒头吃，给你们饼干吃。好吃的东西多着呢。鲤鱼们，快来快来！"鲤鱼们就游到水面上来，和男孩子、女孩子一同玩儿。

> 看到鸬鹚，鲤鱼的想法是什么？他们这样的想法对吗？

鲤鱼们看到小船，以为孩子们又来了，照旧快快活活地游到水面上来。可是这一回，小船上没有男孩子，也没有女孩子。摇橹（lǔ）的是一个从来没见过的人，船舷上歇着十几头黑色的鸬鹚（lú cí），正仰起脑袋望天呢。鲤鱼们想："鸬鹚虽然不是老朋友，可是鸬鹚的同类——鸳鸯和天鹅都是我们最要好的朋友。咱们跟鸬鹚一定也可以成为朋友的。朋友们第一次经过这里，理当好好款待。"

鲤鱼们这样想着，就用欢迎的口气说："不相识的朋友们，你们难得到这里来，歇一会儿再走吧。我们跟天鹅和鸳鸯都是老朋友，我们相信，你们不久也会成为我们的老朋友的。未来的老朋友，请到水面上来谈谈心吧，不要老歇在船舷上。"鲤鱼们的邀（yāo）请是非常恳（kěn）切的，他们都仰着脸，等候客人们下水。

船舷上的鸬鹚不再看天了。他们听见了鲤鱼们的邀

闹翻天的梦幻国

15. 鲤鱼的遇险

请,向河里看了看,都扑着翅膀,"扑通……扑通……"跳下水来。看见鲤鱼,他们就一口衔(xián)住,跳上船去,吐在一只木桶里。十几只鸬鹚一会儿上一会儿下。小河上起了一阵从未有过的骚(sāo)动。鲤鱼们这才感到害怕,才没命地逃,才钻进河底的烂泥里。那些突然变脸的陌生客人们,把他们吓得浑身发抖。

> 面对鲤鱼的邀请,鸬鹚是怎么做的?

不一会儿,小船摇走了,水声跟着水花一同消失了。吓坏了的鲤鱼们才悄悄地从烂泥里游出来。小河恢复了往日的平静,但是恐惧(jù)和忧虑(lǜ)充满了鲤鱼们的心。看看许多同伴被那些突然变脸的陌生客人们劫(jié)走了,大家忍不住流泪了。陌生客人们还会再来,还会把同伴劫走。谁都处在危险之中,而且时刻处在危险之中。谁想得到这些天鹅和鸳鸯的同类竟是强盗。世界上竟有这样叫人没法预料的事儿!鲤鱼们于是产生了一种新的信念:他们的小河现在变了,变得像地狱(yù)一样可怕。凡是太阳、月亮和星星照到的地方,看起来虽然又平静又美丽,但实际上都跟他们住的小河一个样,都是可怕的地狱。

> 鲤鱼们心中又产生了一个新的信念。这信念是什么?他们为什么会产生这样的信念?

大鲤鱼把这个新的信念告诉小鲤鱼,鲤鱼哥哥也这样告诉鲤鱼弟弟,鲤鱼姊姊也这样告诉鲤鱼妹妹。大家

闹翻天的梦幻国

都说:"这话不错,咱们这条河现在变了。不然,咱们这样恳切地欢迎客人,怎么客人反倒把咱们的同伴劫走了呢!咱们这条河也变了,说不定别的地方早就变了,整个世界早就变了。咱们造了什么孽(niè),碰上了这个可怕的时代!"这几句话差不多成了鲤鱼们追念过去的美好生活的挽(wǎn)歌。

> 读读鲤鱼们说的这段话,体会鲤鱼们的心情。

木桶里的鲤鱼们怎么样了呢?木桶里只有薄薄的一片水。鲤鱼们只能半边身子沾着水。他们被鸬鹚一口衔住就吓掉了魂(hún),还不知道被扔进了木桶里。后来有几条醒过来了,觉得朝上的半边身子干得难受。他们只好用一只眼睛朝天看,看到的世界全变了样。他们划动鳍、甩动尾巴,可是丝毫没有用,半边身子老贴着桶底。他们不知道今天怎么会弄成这个样子,也不知道如今到了什么地方。他们能看到的只是木板墙,还有跟自己一样躺着没法动弹的同伴。他们互相问:"你知道吗,咱们如今在什么地方?"

> 木桶里的鲤鱼们是什么样的状况?

大家的回答全一样:"我也不明白。我只看到木板墙,只看到跟你一样动不了身子的同伴。"

"这真是个奇怪的地方!"一条鲤鱼叹了口气说,"周围都是墙,又不给咱们足够的水。咱们连动一动身子也办不到,恐怕连性命都要保不住了。咱们再也回不了家,见不着咱们的同伴了。"

一条小鲤鱼闭了闭眼睛,他那只朝着天的眼睛又干又涩。他说:"我还想不清楚,咱们怎么会到这个奇怪的地方来的!咱们不是做梦吧?"

> 分角色朗读鲤鱼们的对话,体会鲤鱼们的心情。

一条细长的鲤鱼用尾巴拍了拍桶底,用干渴得发沙的声音说:"我想起来了,你们难道都不记得了吗,咱们的小河上来了一条小船,船舷上歇着许多穿黑衣服的客人,跟天鹅和鸳鸯一样也长着翅膀。咱们不是还欢迎他们来着?他们就跳到水里来了。我分明记得一位客人看准我就是一口。后来怎么样,我就不清楚了。我想,一定是那些穿黑衣服的客人把咱们请到这儿来的。"

那条小鲤鱼接嘴说:"这样说来,咱们一定在做梦。天下哪会有这样的事儿?咱们欢迎客人,客人却把咱们送到这样的鬼地方来了。"

另外一条鲤鱼悲哀地说:"不管做梦不做梦,咱们现在都干得难受。要挪(nuó)动一下身子吧,鳍和尾巴都不管用。咱们总得想个办法,来解除咱们的痛苦。"

鲤鱼们于是想起办法来。有的说:"只要打破这木板墙就成了!"有的说:"只要从河里打点儿水来就成了!"有的说:"咱们还是忍耐一下吧,痛苦也许就会过去了。"办法提出了三个,可是三个办法都立刻

> 鲤鱼们想出了什么办法?这样的办法有效吗?

让同伴们驳(bó)倒了。"身子都动弹不了，能打得破木板墙吗？""打点儿水来固然好，可是谁去打呢？""忍耐可不是办法。没有水，躺在这儿只有等死！"

大家再也想不出别的办法，只有躺着叹气，连划动鳍、甩动尾巴的力气也没有了。贴着桶底的那只眼睛只看见一片黑暗，朝天的那只只能看到可恶的木板墙和可怜的命运相同的同伴。他们又谈论起来：

"客人来到咱们家，咱们没有一次不是这样欢迎的。谁想到这一回上了大当！"

> 再次分角色朗读鲤鱼们的谈论，体会他们此刻的无奈与反抗。

"这不能怪咱们。那些穿黑衣服的强盗不是也长着翅膀吗？咱们以为他们跟天鹅、鸳鸯一样和善，一样会接受咱们的好意。谁知道他们竟这样坏！"

"把咱们留在这里，他们有什么好处呢？大家客客气气，亲亲热热，岂不好吗？"

"世界上会有这样的事，真是世界的耻(chǐ)辱(rǔ)！咱们先前赞美世界，说世界上充满了快乐。现在咱们懂得了，世界其实包含着悲哀和痛苦。咱们应当诅咒(zǔ zhòu)这个世界。"

> 鲤鱼为什么要诅咒这个世界？

"应当诅咒！不要说咱们只是小小的鲤鱼，不要说咱们的喉咙已经干得发沙了。咱们的声音一定能激励(lì)所有的狂风，把世界上的悲哀和痛苦一齐吹散。"

15. 鲤鱼的遇险

"对，对，咱们还有力气诅咒，咱们就诅咒吧！诅咒这木板墙，挡着咱们不让咱们看见外边的木板墙！诅咒那些穿黑衣服的强盗，不领受咱们的好意而欺骗咱们的强盗！咱们更要诅咒这个世界，诅咒这个有木板墙和黑衣服强盗的世界！"

他们一齐诅咒。诅咒的声音中含着叹息，含着极深的痛苦和悲哀。

不知过了多少时间，很奇怪，鲤鱼们的身上反而觉得潮润了点儿。难道那些强盗悔悟了，觉得自己做错了事，特地打了水来救助他们？难道木板墙破了，外边的水渗进来了？大家正在议论纷纷。一条聪明的小鲤鱼看出来了，他说："强盗怎么会来救助咱们呢？木板墙自己怎么会破呢？咱们还没干死，是咱们自己救了自己。大家没觉察吗，沾湿咱们的就是咱们自己的泪水呀！泪水从咱们的心底里，曲曲折折地流到咱们的眼睛里，一滴一滴流出来，千滴万滴，积在自己躺着的这个地方，沾湿了咱们的身子，挽救了咱们快要干死的性命！"

> 沾湿鲤鱼的是什么？这是谁想出来的？

听小鲤鱼这样说，大家都立刻分辨(biàn)出来了，沾湿自己身子的确实是自己的泪水，心里都激动极了。他们想，在这个应当诅咒的世界里，居然能够靠自己的泪水来挽救自己，这就不能说这个世界里已经没有快乐

> 鲤鱼们靠自己的泪水来挽救自己，他们对这个世界又有了新的认识。是什么新的认识？

的幼芽了。这样一想，大家心就软了，泪水像泉水一样从他们的眼睛里涌出来。

说也奇怪，鲤鱼们可以活动了，本来只好侧着身子躺着，现在可以竖起身子游了。木桶里的水越来越多。那水是从鲤鱼们心底里流出来的泪水。

鲤鱼们的泪水不停地流，流满了木桶；从木桶里溢出来，流在船舱里。不一会儿，船舱里的泪水也满了，木桶就浮了起来。小船稍稍一侧，木桶就窜到了小河上。

鲤鱼们有了水，起劲地游起来，可是游来游去，总让木板墙给挡住。怎么办呢？有了水还得不到自由吗？

> 泪水使得鲤鱼们的命运发生了怎样的改变？

一条鲤鱼使劲一跳，跳出了木板墙；四面一看，又细又软的波纹好像一层薄薄的轻纱，这不就是可爱的家了吗？他快活极了，高兴地喊："你们跳呀，跳出可恶的木板墙就是咱们的家！我已经到家了！"

大家听到呼唤，用尽所有的力气跳出了木板墙。木桶空了，浮在河面上不知漂到哪儿去了。

留在家里的鲤鱼们都来迎接侥(jiǎo)幸逃脱的同伴，他们流了许多激动的泪水。天鹅和鸳鸯恰好从北方飞来。好朋友相见，不免又流了许多激动的泪水。所以，小河永远没有干涸(hé)的日子。

为什么说小河永远没有干涸的日子？

（略有改动）

面对我们生活的世界，你有什么样的信念？为什么会有这样的信念？

16. 眼泪

叶圣陶

> 这个人是怎样寻找东西的？猜一猜，他在寻找什么东西？

在地球上，在太阳、月亮和星星照到的地方，有一个人无休无歇(xiē)地在寻找一件丢失的东西。他把各处都找遍了。草根底下，排水沟里，马路上飞扬的尘土中，从各个方向吹来的风中，他全都找过了，但是全都没有他要寻找的东西。他叹息了，比松林的叹息还要悲哀："我要寻找的东西在哪里呢？到底在哪里呢？"

快活人听见了，走过来问他："你丢失了珍珠吗？为什么在草根底下寻找？你丢失了水银吗？为什么在排水沟里寻找？你丢失了贵重的丹砂(shā)吗？为什么在尘土中寻找？你丢失了异(yì)国的香粉吗？为什么在风中寻找？"

他摇摇头，又叹了一口气说："都不是，我没丢失那些东西。"

"那么你一定是个傻(shǎ)子。"快活人满脸堆着笑

16. 眼　泪

说,"除了那些东西,还有什么值得寻找的呢?你还是早点儿回家休息吧,不要为无关紧要的东西白费精神了。"

> 快活人为什么说他是傻子?

他回答说:"我要找的不是什么无关紧要的东西,跟你所说的那些东西都不能相比。我天天寻找,各处都找遍了,还没找到一点儿踪影。我告诉你吧,我要找的是眼泪!"

快活人听了大笑起来,笑声连续不断,好容易才忍住了,对他说:"眼泪?为了寻找眼泪,你弄得这样苦恼。我是从来不流眼泪的,也不知道眼泪是从身体的哪个部分流出来的。可是我见过一些痴(chī)呆的人,他们的眼眶里曾经流过眼泪。我可以告诉你,他们的眼泪滴在什么地方,好让你到那些地方去寻找。

> 快活人流过眼泪吗?他是怎么说的?读一读,体会快活人的心情。

"你要眼泪,可以到火车站、轮船码头去找。那些地方有许多男的女的老的少的,他们的心好像让什么给压着了。他们互相叮咛(dīng níng),话好像说不完似的,他们梦想每一秒钟都是无穷无尽的永久。他们手紧握着手,胳膊(gē bo)勾住胳膊,嘴唇凑(còu)着嘴唇,好像胶(jiāo)在一起,再也不能分开了。忽然'呜呜——',汽笛叫了,叮咛被打断了,梦想被惊醒了,胶在一起的不得不分开了。他们的眼泪就像泉

> 快活人让他去哪里寻找眼泪?那里的眼泪是一种什么样的眼泪?

水一般涌出来。我看了觉得非常可笑。你只要到那些地方去找，准能找到他们的眼泪。"

"我要找的不是那种眼泪。"他回答说，"那种爱恋的眼泪既然流了那么多，要找就不难了。如果我要那种眼泪，早就到火车站和轮船码头去找了。"

> 快活人又让他去哪里寻找眼泪？那又是一种怎样的眼泪？

快活人点头说："你不要那种眼泪，那还有，你可以到摇篮里或者母亲的怀里去找。那些婴儿真好玩极了：嫩红的脸蛋儿，淡黄的头发又细又软，乌黑的眼珠闪闪发亮……他们忽然'哇……'哭起来，一会儿又停住了。他们的眼泪虽然不及刚才说的那些人多，但想来也可以满足你的要求了。你快去找吧！"

"我要找的也不是那种眼泪。"他回答说，"那种幼稚的眼泪差不多家家都有，没有什么难找的。如果我要那种眼泪，早就到摇篮里和母亲的怀里去找了。"

快活人说："婴儿的你也不要。还有呢，你可以到戏院的舞台上去找。那里常常演一些悲剧给人们看，都根本没有那回事，编得又不合情理。演到女人死了丈夫，大将兵败自杀，或者男女相爱却不得不分离，演员们以为演到了最悲伤的时刻了，就大声哀号，或者低声啜泣。不管是真是假，他们既然哭了，我想多少总有几滴眼泪吧。你快到那里去找吧！"

"我要的更不是那种眼泪。"他回答说，"那种眼泪

16. 眼 泪

不是真诚的,而是虚假的。我要的眼泪,在戏院里是找不着的。"

快活人想不出话说了,睁大眼睛看了他好一会儿才问:"你究竟要哪一种眼泪呢?我相信除了我说的,再没有别的眼泪了。你知道世界上还有别的眼泪吗?"

他回答说:"有的,我确实知道世界上还有一种眼泪。那就是我要找的——同情的眼泪!"

这个人要的是什么眼泪?你见过这样的眼泪吗?

快活人觉得奇怪极了,眯着眼睛想了一会儿,摇了摇头说:"这不可能。什么'同情的眼泪',我从来没听说过这个奇怪的名称。我想象不出谁会掉那种眼泪,也想象不出为什么要掉那种眼泪。你既然这样说,能不能把你知道的详详细细地告诉我呢?"

他说:"你愿意知道,我自然愿意告诉你。同情的眼泪是为别人的痛苦而掉的,并不因为自己的愿望遭到了破灭;看别人受痛苦就像自己受痛苦一样,眼泪就自然而然掉下来了,并不像婴儿那样无缘(yuán)无故地啼哭。这种眼泪是十分真挚(zhì)的,没有一丝一毫虚情假意。至于谁会掉这种同情的眼泪,我不知道。所以我走遍了各处,留心观察所有人的眼睛,看同情的眼泪到底丢失在哪里了。丢失的东西总可以找到的。所以我到处寻找,如果找到了就捡起来送还给他们。流这种眼泪的人，我相信一定有的，只是我还没遇到，所以我还不能休息，还要不停地寻找。"

快活人听了摇着头说："我真的不明白，谁要是掉这样的眼泪，不是比我告诉你的那些人更痴更呆了吗？人是最最聪明的，绝不会痴呆到那种地步。我不信你的话。"

> 这个人为什么怜悯快活人？

他很怜悯（mǐn）快活人，轻轻叹了口气，对快活人说："你就是丢失了这种眼泪的人！请你跟我一同去寻找吧，也许碰巧能把你丢失的东西找回来，那该多好呀！"

快活人觉得很不中听，对他说："我从来不掉眼泪，所以从来没丢失过眼泪。对我来说，眼泪毫无用处。我不愿意跟着你去干这种毫无益（yì）处的事儿。再见吧，我要唱歌去了，跳舞去了。我要寻找的是快活！"

> 快活人跟着这个人去找要找的眼泪了吗？

快活人转过身走了，留下一串笑声，笑他愚蠢，笑他固执。

看着快活人越走越远，他又惋（wǎn）惜地叹了一口气，转身向人多的地方走去。

他来到一条马路边上。汽车呜呜地叫着，跑得比风还快。行路的人看前顾后，非常惊惶（huáng），只怕被汽

16. 眼　泪

车撞倒。运煤的大车慢吞吞的。拉车的骡(luó)子瘦得只剩下包在骨头上的一层皮,又脏又黑的毛全让汗水给沾湿了。它们好像就要跌倒了,还半闭着眼睛,一步挨一步地向前走。赶车的人脸上沾满了煤屑(xiè),眼睛仿佛睁不开似的,只露出红得可怕的嘴唇。人力车夫的胳膊像翅膀一般张开着,双手使劲按住车把,两条腿飞一样地奔跑,脚跟几乎踢着自己的屁股。风刮起一阵阵灰沙,扑向他们的鼻孔里、嘴里。他们呼呼地喘着气,好像拉风箱似的;浑身的汗哪有工夫擦,只好由它洒在路上。

> 马路边上发生了哪些值得人们同情的事?

他站在路边想,这里应当有同情的眼泪了。他仔细寻找,竟一滴也没找着。看那些行路的人,赶车的人,拉车的人,还有那骡子,他们的眼眶(kuàng)都不像掉过眼泪,甚至不像会掉眼泪似的。他失望了,离开了马路边上。

他来到一座会场门口。成千上万的人挨挨挤挤的,在那里等候一个人。他听旁边有人在谈论那个人的历史:那个人打过几回大仗,指挥他的军队杀死了无数敌兵。草地上、壕(háo)沟里,到处都是仰着的、趴着的尸体。房屋毁(huǐ)坏了,花园荒废(fèi)了,学校里没有读书声了,工厂里没有机器声了,因为

> 读读描写战争场面的句子。这样的场面让你有什么感受?

闹翻天的梦幻国

都遭(zāo)到了那个人的炮火的轰(hōng)击。男人们少了胳膊断了腿；女人们有的伏在丈夫的坟上呼号，有的捧着儿子的照片哭泣：受的都是那个人的"恩赐"。现在仗打完了，那个人得胜归来，要从这里经过。

他站在门口想，这里应当有同情的眼泪了。正在这时候，那个人到了，所有的脸都现出异常敬慕的表情。大家跳跃起来，仿佛一群青蛙。欢呼的声音如同潮水一般，抛起来的帽子在空中飞舞。所有的人都如醉似狂，把那个人拥进会场。欢迎会就要开始了。大家的脸上只有笑，只有兴奋，都不像掉过眼泪，甚至不像会掉眼泪似的。他失望了，离开了会场门口。

> 读读描写工厂里工人做工、吃饭的场面，体会他们生活的艰难。

他来到一个大工厂里。无数男工女工在这里工作。机器(qì)的声音把他们的耳朵都要震(zhèn)聋(lóng)了，机油的气味塞满了他们的鼻(bí)孔。他们强打起精神，努力使自己的动作跟上机器的转动。他们的脸又白又瘦，跟死人差不了多少。有的趴在机器旁边，吃自己带来的粗劣的食物。几个女工对着食物发呆，她们正在想孩子留在家里不知哭成什么样儿了，忽然像从梦中惊觉似的，把食物草草吃完，又去做她们的工作。直到黄昏时分，工厂才放工。大街上很热闹，幸福的人正要去寻找各种娱乐。从工厂出来的工人杂在他们中间，显得很不调和。

16. 眼　泪

他跟着工人一路走一路想，这里应当有同情的眼泪。大街上的人正同河水一样，一个人就像一滴水，加了进去就一同向前流，谁也顾不上谁，彼此并未察觉。他们的眼眶都像一口干涸的枯井，从来不曾掉过眼泪，也很难预料今后会不会掉眼泪。他又失望了，离开了灯火辉煌（huáng）的大街。

工人们为什么没有流下同情的眼泪呢？

在城市里，他找来找去，没找着同情的眼泪，心里又忧愁又烦闷，也就没有了主意，随着两条腿来到了乡间。

有一所草屋，前面一片空地上长着四五棵杨树。明亮的阳光照在杨树上，使绿叶显得格外鲜嫩。这家农户大概有什么喜事，正在准备酒席。一个妇人正在杨树底下宰鸡。竹笼子里关着十来只鸡。妇人从竹笼中取出一只，左手握住鸡的翅膀和冠子，右手拔去它脖子上的羽毛，拿起一把刀就把鸡的脖子割（gē）破了。那鸡两只脚挺了挺，想挣脱，可是怎么挣得脱呢？鲜红的血从伤口流出来，流在一个碗里。等血流完，妇人就把它扔在一旁。它略微扭了几扭，就不再动弹了。妇人已经从竹笼中取出了第二只鸡，拔去了脖子上的羽毛。

正在这时候，草屋里冲出一个孩子来，红红的面庞，转动着一双乌黑的眼珠。他跑到妇人身旁，看看地上刚被杀死的鸡，看看竹笼里受惊的鸡，再看妇人手

闹翻天的梦幻国

> 孩子为什么流泪?你觉得他是一个怎样的孩子?

里,那把刀已经挨着鸡的脖子了。孩子再也受不了了,一把拉住妇人拿着刀的右手,喉(hóu)间迸(bèng)出哭声,眼泪成串地往下掉,就像泉水一个样。

寻找眼泪的人如同得到了宝贝一样,他高声喊起来:"我找着了,没想到竟在这里找着了!"他简直不敢相信,以为自己在梦中。可是这明明是真的眼泪,一颗一颗,仿佛明亮的珍珠。他走上前去,捧着双手,凑到孩子的眼睛跟前。不多一会儿,他的双手捧满了珍珠一般的眼泪。

> 为什么说这眼泪是珍珠一般的眼泪?

他想:"许多人丢失的东西,现在让我给找着了。把这同情的眼泪送还给他们是我的责任。"

他第一个要找的就是快活人。因为快活人不相信自己丢失了这样宝贵的一件东西,所以他要先给快活人送去。他还要走遍各处,把这件宝贵的礼物——同情的眼泪送给所有的人。他大概(gài)就要来到读者跟前了,请你们做好准备,受领他的礼物吧。

(略有改动)

你流过同情的眼泪吗?是为什么流的?写写吧。

17. 画眉

叶圣陶

一个黄金的鸟笼里养着一只画眉。在明亮的阳光照耀下，笼栏放出耀眼的光辉，赛过国王的宫殿。盛水的罐儿是碧玉做的，把里边的清水照得像雨后的荷塘。鸟食罐儿是玛(mǎ)瑙(nǎo)做的，颜色跟粟(sù)子一模一样。还有架在笼里的三根横棍，预备给画眉站在上面的，是用象牙做的。盖在顶上的笼罩，预备晚上罩在笼子外边的，是用最细的丝织成的缎(duàn)子做的。

> 画眉的鸟笼是什么样子的?

那画眉，全身的羽毛油光光的，一根不缺，也没一根不顺溜。这是因为他吃得讲究，每天还要洗两回澡。他舒服极了，每逢吃饱了，洗干净了，就在笼子里跳来跳去。跳累了，就站在象牙做的横棍上歇一会儿，或者这一根，或者那一根。这时候，他用嘴刷刷这根羽毛，刷刷那根羽毛，接着，抖一抖身子，拍一拍翅膀，很灵敏地四外看一看，就又跳来跳去了。

> 画眉每天的生活是怎样的?

闹翻天的梦幻国

> 公子哥儿是怎样照料画眉的？他为什么会这么做？

他叫的声音温柔、婉（wǎn）转、花样多，能让听的人听得出了神，像喝酒喝到半醉（zuì）的样子。养他的是个阔公子哥儿，爱他简直爱得要命。他喝的水，公子哥儿要亲自到山泉那儿去取，并且要过滤（lǜ）。吃的粟子，公子哥儿要亲手拣，粒粒要肥要圆，并且要用水洗过。公子哥儿为什么要这样费心呢？为什么要给画眉预备这样华丽的笼子呢？因为公子哥儿爱听画眉唱歌，只要画眉一唱，公子哥儿就快活得没法说。

说到画眉呢，他也知道公子哥儿待他好，最爱听他唱歌，他就接连不断地唱歌给公子哥儿听，哪怕唱累了，还是唱。他不明白张开嘴叫几声有什么好听，猜不透公子哥儿是什么心。可是他知道，公子哥儿确实最爱听他唱，那就为公子哥儿唱吧。公子哥儿又常跟姊妹兄弟们说："我的画眉好极了，唱得太好听，你们来听听。"姊妹兄弟们来了，围着看，围着听，都很高兴，都说了很多赞美的话。画眉想："我实在觉不出来自己的叫声有什么好听，为什么他们也一样地爱听呢？"但是这些人是公子哥儿约来的，应酬（chóu）不好，公子哥儿就要伤心，那就为公子哥儿唱吧。

日子一天天过去，他的生活总是照常，样样都很好。他接连不断地唱，为公子哥儿，为公子哥儿的姊妹兄弟们，不过他始终不明白自己唱的有什么意义，有什

104

17. 画 眉

么趣味。画眉很纳闷，总想找个机会弄明白。

> 画眉总想找机会弄明白什么？

有一天，公子哥儿给他加食添(tiān)水，忘记关笼门，就走开了。画眉走到笼门口，往外望一望，一跳，就跳到了外边，又一飞，就飞到了屋顶上。他四外看看，觉得新奇、美丽。深蓝的天空，飘着小白帆似的云。葱绿的柳梢(shāo)摇摇摆摆。不知谁家的院里，杏花开得像一团火。往远处看，山腰围着淡淡的烟，好像一个刚醒的人，还在睡眼蒙眬。他越看越高兴，由这边跳到那边，又由那边跳到这边，然后站住，又看了老半天。

他的心飘起来了，忘了鸟笼，也忘了以前的生活，一兴奋，就飞起来。开始他也不知道是往哪里的远方飞。他飞过绿的草原，飞过满盖黄沙的旷(kuàng)野，飞过波浪拍天的长江，飞过浊(zhuó)流滚滚的黄河，才想休息一会儿。他收拢(lǒng)翅膀，往下落，正好落在一个大城市的城楼上。下边是街市，行人车马，拥拥挤挤，看得十分清楚。

> 画眉飞过了哪些地方？它来到了哪里？

稀奇的景象由远处过来了。街道上，一个人半躺在一个左右有两个轮子的木槽(cáo)子里，另一个人在前边拉着飞跑。还不止一个，这一个刚过去，后边又过来一长串。画眉想："那些半躺在木槽子里的人大概没有

闹翻天的梦幻国

腿吧？要不，为什么一定要旁人拉着才能走呢？"他就仔细看半躺着的人，原来下半身蒙着很精致的花毛毯，毛毯下边露出擦得放光的最时兴的黑皮鞋。"那么，可见也是有腿的了。为什么要别人拉着走呢？这样，一百个人里不就有五十个是废物了吗？"他越想越不明白。

> 画眉在城楼上看到了什么景象？

"或者那些拉着别人跑的人以为这件事很有意思吧？"可是他细看看又觉得不对。那些人脸涨得通红，汗直往下滴，背上热气腾(téng)腾的，像刚揭开盖的蒸(zhēng)笼。身子斜向前，迈着大步，像正在逃命的鸵鸟，这只脚还没完全着地，那只脚早扔了出去。"为什么这样急呢？这是到哪里去呢？"画眉想不明白。这时候，他看见半躺着的人用手往左一指，前边跑的人就立刻一顿，接着身子一扭，轮子、槽(cáo)子，连上边半躺着的人，就一齐往左一转，又一直往前跑。他明白了："原来飞跑的人是为别人跑。难怪他们没有笑容，也不唱赞美跑的歌，因为他们并不觉得跑是有意义、有趣味的。"

> 画眉为什么认为飞跑的人的跑是没有意义、没有趣味的？

他很烦闷，想起一个人当了别人的两条腿，心里不痛快，就很感慨(kǎi)地唱起来。他用歌声可怜那些不幸的人，可怜他们的劳力只为别人，他们做的事没有意义、没有趣味。

17. 画 眉

他不忍再看那些不幸的人,想换个地方歇一会儿,一飞就飞到一座楼房的绿漆(qī)栏杆上。栏杆对面是一个大房间。隔着窗户往里看,许多阔气的人正围着桌子吃饭。桌上铺的布白得像雪。刀子,叉子,玻璃酒杯,大大小小的花瓷盘子,都放出晃眼的光。中间是一个大花瓶,里边插着各种颜色的鲜花。围着桌子的人呢,个个红光满面,眼眯着,正在品评酒的滋味。楼下传来声音。他赶紧往楼下看,情形完全变了:一条长木板上,刀旁边,一条没头没尾的鱼,一小堆切成丝的肉,几只去了壳的大虾,还有一些切得七零八碎的鸡鸭。木板旁边,水缸,脏水桶,盘、碗、碟(dié)、匙(chí),各种瓶子,煤,劈柴,堆得乱七八糟,遍地都是。屋里有几个人,上身光着,满身油腻(nì),正在弥(mí)漫的油烟和蒸气里忙忙碌碌。一个人脸冲着火,用锅炒着什么。油一下锅,锅边上就冒起一团火,把他的脸和胳膊烤得通红。菜炒好了,倒在花瓷盘子里,一个穿白衣服的人接过去,上楼去了。不一会儿,楼上就传出欢笑的声音,刀子和叉子的光又在桌面上闪晃起来。

画眉就想:"楼下那些人大概是有病吧?要不,为什么一天到晚在火旁边烤着呢?他们站在那里忙忙碌

> 画眉又来到了哪里?它看到了什么?

> 读一读这段内容,感受厨师烧菜的辛劳。

107

碌，是因为觉得很有意义、很有趣味吗？"可是他细看看，又觉得不大对，"要是受了寒，为什么不到家里蒙上被躺着？要是觉得有意义、有趣味，为什么脸上一点儿笑容也没有？菜做熟了为什么不自己吃？对了，他们是听了穿白衣服的人的吩咐，才皱着眉，慌手慌脚地洗这个炒那个的。他们忙碌，不是自己要这样，是因为别人要吃才这样。"

> 画眉为什么认为厨师做的事是没有意义、没有趣味的？

他很烦闷，想起一个人成了别人的做菜机器，心里不痛快，就很感慨地唱起来。他用歌声可怜那些不幸的人，可怜他们的劳力只为别人，他们做的事没有意义、没有趣味。

他不忍再看那些不幸的人，想换个地方歇一会儿，一展翅就飞起来。飞过一条弯弯曲曲的僻（pì）静的胡同时，那里悠悠荡荡地传出三弦和一个女孩子歌唱的声音。他收拢翅膀，落在一个屋顶上。屋顶上有个玻璃天窗。他从那里往下看，一把椅子，上边坐着个黑大汉，弹着三弦，一个十三四岁的女孩子站在旁边唱。他就想："这回可看到幸福的人了！他们正奏乐

> 画眉又来到了什么地方？它又看到了什么？

唱歌，当然知道音乐的趣味了。我倒要看看他们快乐到什么样子。"他就一面听，一面仔细看。

没想到完全不是那么回事，他又想错了。那个女孩

子唱着,越唱越紧,越唱越高,脸涨红了,拔那个顶高的声音的时候,眉皱了好几回,额上的青筋也涨粗了,胸一起一伏,几乎接不上气。调门好容易一点点地溜下来,可是唱词太繁杂,字像流水一样往外滚,她连喘口气也为难,后来嗓子都有点儿哑了。三弦和歌唱的声音停住了。那个黑大汉眉一皱,眼一瞪,大声说:"唱成这样,凭什么跟人家要钱!再唱一遍!"女孩子低着头,眼里水汪汪的,又随着三弦的声音唱起来,这回像是更小心了,声音有些颤(chàn)。

画眉这才明白了:"原来她唱也是为别人。要是她可以自己做主,她早就到房里去休息了。可是办不到,为了让别人爱听,为了挣别人的钱,她不能不硬着头皮练习。那个弹三弦的人呢,也一样是为别人才弹,才逼着女孩子随着唱。什么意义,什么趣味,他们真是连做梦也没想到。"

> 画眉觉得女孩子的歌唱有意义吗?为什么?

他很烦闷,想起一个人成了别人的乐器,心里很不痛快,就感慨地唱起来。他用歌声可怜那些不幸的人,可怜他们的劳力只为别人,他们做的事没有意义、没有趣味。

画眉决定不回去了,虽然那个鸟笼华丽得像宫殿,但他不愿意再住在里边了。他觉悟了,因为见了许多不幸的人,知道自己以前的生活也是很可怜的。他没意义

闹翻天的梦幻国

> 画眉为什么不愿意回去了？

地唱歌，没趣味地唱歌，本来是不必唱的。他为什么要为公子哥儿唱，为公子哥儿的姊妹兄弟们唱呢？当初糊里糊涂的，以为这种生活还可以，现在见了那些跟自己一样可怜的人，就越想越伤心。他忍不住哭了，眼泪滴滴答答的，简直成了特别爱感伤的杜鹃了。

他开始飞，往荒凉空旷的地方飞。晚上，他住在乱树林子里；白天，他高兴飞就飞，高兴唱就唱。饿了，他就随便找些野草的果实吃。脏了，他就到溪水里去洗澡。四外不再有笼子的栏杆围住。他愿意怎么样就怎么样。有时候，他也遇见一些不幸的东西。他伤心，他就用歌声来破除愁闷。说也奇怪，这么一唱，心里就痛快了，愁闷像清晨的烟雾，一下子就散了。要是不唱，就憋得难受。从这以后，他知道什么是歌唱的意义和趣味了。

> 画眉知道什么是歌唱的意义和趣味了吗？

世界上，到处有不幸的东西、不幸的事儿——都市里，山野里，小屋子里，高楼大厦里。画眉有时候遇见，就免不了伤一回心，也就免不了很感慨地唱一回歌。他唱，是为自己，是为值得自己关心的一切不幸的东西、不幸的事儿。他永远不再为某一个人或某几个人的高兴而唱了。

画眉唱，他的歌声穿过云层，随着微风，在各处飘荡。工厂里的工人，田地上的农夫，织布的女人，奔跑的车夫，掉了牙的老牛，皮包骨的瘦马，场上表演的猴子，空中传信的鸽子……听见画眉的歌声，都心满意足，忘了身上的劳累，忘了心里的愁苦，一齐仰起头，嘴角上挂着微笑，说："歌声真好听！画眉真可爱！"

从此以后，画眉为谁、为了什么而唱？你喜欢这只画眉吗？为什么？

（略有改动）

你觉得什么是有意义和有趣味的事情？为什么呢？

18. 花园外

叶圣陶

> 读一读描写柳条、小溪、阳光的语句,体会春天景色的美好。

春风吹来了,细细的柳条不知什么时候染上了嫩黄色,甚至已经有了点儿绿意。风轻轻吹过,柳条下垂的梢头一顺地被托了起来,一会儿又一齐垂了下来,仿佛梳得很齐的女孩子的柔软的头发。

一道小溪在两行柳树之间流过。不知谁把小溪斟(zhēn)得满满的,碧清的水几乎跟岸相平。又细又匀的美丽的波纹好像刻在水面上似的,看不出向前推移的痕(hén)迹。柳树的倒影因而显得格外清楚。水的气息,泥土的气息,使人一嗅(xiù)到就想起春天已经来了。温和的阳光笼罩(zhào)在小溪上,好像使每一块石子、每一粒泥沙都有了欢乐的生命,更不用说那些小鱼小虾了。

小溪旁边,柳树底下,各种华丽的车辆都朝着一个方向跑。有马拉的,轮子滑过地面没有一丝儿声音;白铜的轮辐(fú)耀人眼睛,乌漆(qī)的车厢(xiāng)亮得能照

18. 花园外

见人，巨大的玻璃窗透明得好像没有一个样。有人拉的，也轻快非常；洁白的坐褥(rù)，织着花纹的车毯，车杠上那个玩具似的手揿(qìn)喇叭，都是再精美不过的。还有用机器开动的，仿佛神奇的野兽，宽阔的身躯(qū)，一对睁圆的眼睛，滚一般地飞奔而来，刚到跟前，一转眼又不见了，还隐隐地听得它怪声怪气地吼叫。

> 作者写了几种车子？它们分别是什么样子的？

坐在各种车辆里的人心里装满了快乐。快乐原来也是有重量的。你看，拉车的马出汗了，拉车的人喘气了，连机器也发出"轧(yà)轧"的疲倦的声音。坐在车上的人毫不察觉，他们怀着满心的快乐，用欢愉的眼光欣赏着柔软的柳条和恬(tián)静的溪水，又掀起鼻孔深深地吸气，仔细品尝春天的芳香。你看那位胖胖的先生，宽弛的双腮(sāi)在抖动着。你看那位老太太，眯着周围满是皱纹的眼睛，张大了她那干瘪(biě)的嘴。那些年轻的女郎挥舞着手帕，唱起歌儿来了。那些小孩儿又是笑又是闹，张开双臂想跳下车来。这时候，拉车的马汗出得更多了，拉车的人气喘得更急了，连机器的"轧轧"声也显得更加疲倦了。

> 坐在车上的有哪些人，他们各有什么特点？

那些心里装满了快乐的人要到哪里去呢？原来前面小溪拐弯的地方有一座花园。春风吹来，睡着的花园才

闹翻天的梦幻园

> 这些人要到哪里去？那里是什么样的？

醒过来，还带点儿倦意，发出带着甜味的芳香。鸟儿们已经热闹地唱起来，招引那些心里装满了快乐还要寻找快乐的人。他们知道花园是快乐的银行，自然都要奔向花园，犹如每一滴水喜欢奔向大海一个样。

长儿站在花园门口不止一天了。邻家的伯母跟他讲起过这座花园。他猜想花园的大门里边一定就是神仙的境界，总想进去逛（guàng）逛。他跟父亲很不容易见面：早上他起床的时候，父亲还睡得正酣（hān）；等他跟小伙伴们玩了一阵回家，父亲已经不知上哪儿去了，直到晚上他眼皮发沉了还不见回来。所以他只好跟母亲说。母亲老给人家洗衣服，青布围裙老是湿漉（lù）漉的，十个手指让水泡得又白又肿。她听长儿说要去逛花园，就发怒说："花园？你配逛花园？"她不往下说了，继续搓手中的衣服，肥皂沫（mò）不断地向四周飞溅。

长儿不敢再说什么，可是他实在不明白母亲的话：为什么他不配逛花园？那么谁才配逛花园呢？邻家的伯母从来没有说过。长儿以为除了邻家的伯母，再没有懂得道理的人了。她没有说过，别人也不会知道。长儿只好把疑问默默地藏在心里，只好睡他的觉，做他的梦……

他的一双脚仿佛有魔法似的，不知不觉，把他的身子载到了花园门口。又阔又大的门敞开着，望进去只见

18. 花 园 外

密密层层的深绿间着浅绿的树。他跟树林之间没有东西挡着，也不见别的人。他飞奔过去，跑得比平时快，跳得比平时高。忽然，他的身子让什么给绊(bàn)住了，再使劲也摆脱不了。只听得有人大喝一声："跟谁一块儿来的？"他才发觉身后站着一个大汉，他的肩膀就让这个大汉给抓住了。那只又粗又大的手，好像给他捆上了几根绳子，捆得他胳膊都发麻了。

> 长儿来到花园门口,是谁抓住了长儿？

长儿心里害怕，不知道怎样回答才好，瞪大了一双眼睛。大汉摇晃着他的肩膀说："我在问你呢，你是跟谁一块儿来的？"长儿说："我……我自己一个人来的。"大汉听着笑了一笑，脸色显得更加可怕。他说："既然一个人来的，买了票子再进去！"

> 和好朋友一起分角色朗读长儿和黑大汉的对话,感受他们的性格特点。

"我不要买票子，只到花园里去逛逛。"长儿一边说，一边想脱身跑。大汉发怒了，眼睛射出凶光，原先只鼻子发红，现在整个脸都涨红了。他大声说："小流氓，不出钱想逛花园，快给我滚！"大汉使劲一推，长儿摇摇晃晃倒退了几步，一跤坐在地上，两手向后撑住了身子。坐在门口歇息的车夫看着都狂笑起来。

长儿听见笑声才发觉花园门口停着许多车辆，坐着许多人。他难为情极了，慢慢地爬起来，装作没事儿一个样，看到别人都不注意他了，才飞快地溜走了。回到

闹翻天的梦幻国

家里,母亲还在洗他的衣服,长儿也不跟母亲说什么。

仙境似的花园系(xì)着长儿的心。长儿老待在家里,实在太乏味,又出门去逛。他没打算到哪里去,可是两条腿不向往日捉迷藏的树林走去,也不向往日滚铁环的空场走去,偏偏又来到了花园门口。长儿在这儿吃过亏,不敢再一直往里飞奔。那个大汉坐在门旁的小屋里呢。他在门外悄悄地走来走去,有时候躲在人力车背后,有时候爬上马车背面的小凳子,有时候放大了胆,走到花园门口向里张望。马车和人力车一辆接一辆离去,到最后一辆也不剩了。天已经黑下来了,花园里已经什么也望不见了,大汉的屋里放出一星灯光。这时候,长儿只好回家去了。第二天,长儿又来了,在花园门口走来走去,好像这成了他日常的功课。

> 长儿在花园门口吃过亏,为什么还会来花园门口呢?

一辆马车停在花园门口。马夫跳下车来,拉开了车厢的门。一位先生,一位夫人,扶着两个孩子从车厢里走出来了。长儿只顾看那两个孩子,别的人他好像都没瞧见。那两个孩子的衣服闪亮发光,袜子长过了膝盖,黑得发亮的鞋子着地有声。他们的脸蛋多么红呀!他们的头发梳得多么光呀!他们走进花园去了,一跳一跳的,多么自在呀!大汉哪儿去了呢?为

> 这位先生和夫人,以及两个孩子为什么没有被黑大汉拦住?猜一猜,他们是什么人?

116

18. 花园外

什么不来抓住他们呢？他们走进了密密层层的树林，再也看不见了。他们到树林里去干什么呢？

长儿这么想着，奇怪极了，他觉得自己也到了树林里。多么高兴呀，他想望了许久，如今如愿了。他在树荫下奔来奔去。树林好像没有尽头。大树一棵挨着一棵，好像顶天的柱子。树枝上有许多松鼠在跳来跳去。还有许多红脸的猴子，跟耍把戏的人牵着的一个样，有的坐在树枝上，有的挂在树枝上。更奇怪的是，往常在水果铺里看到的各种果子，红的、黄的、紫的，挂满了枝头。水果铺大概就是到这里来采的。长儿想："我为什么不采几个尝尝呢？"他正要举起手来，身子不知让什么给撞了一下，一辆人力车刚好停在他身旁，他才从梦中惊醒。原来他站在花园门口，并没走进花园一步。

> 长儿在花园里看到了什么，想到了什么？这一切是真的吗？

长儿呆呆地望着花园的大门，忽然眼前一亮，出现了一件可爱的东西。那是一束鲜红的花，从花园的大门里飞出来了，近了，近了，来到了他的身边。他看到花瓣都在抖动，还闻到一种奇妙的香味。可是才一刹那，那束鲜红的花就飞走了，远了，远了，终于看不见了。长儿想："这鲜红的花是花园里最好的东西了，我要带点儿回去才好。刚才没把它抓住，真是太可惜

> 长儿想要用鲜红的花干什么？你觉得他是一个怎样的孩子？

闹翻天的梦幻国

了！不要紧，花园里一定多的是。我要采一束插在母亲的床头，因为她一天到晚洗衣服，从没看过花。再采一束，跟小伙伴们演戏的时候好扎在帽檐（yán）上扮英雄。还要采一束种在自家门前，让它永远永远开着……"

长儿这么想着，奇怪极了，他觉得自己已经进了花园，站在花坛旁边。鲜红的花堆得山一样高，只看见一片红色。他发现所有的花都在笑，默默地对着他笑。笑着的花上淌下一滴一滴又香又甜的蜜，流到地面都凝（níng）成一颗一颗红色的香糖。

> 长儿感觉自己又来到了哪里？他看到了什么？想到了什么？

他的舌尖好像已经尝到了甜味。他想拾一颗糖送进嘴里，再一看，这不是糖，而是鲜红的果子。果子也好，他拾了一满怀。又想到花儿不能不采，他放下果子去采花。一枝半开，正好插在母亲床头，他采了搂（lǒu）在怀里；一枝比较小，正好扎在帽檐（yán）上，他采了插在口袋里；一枝挺茂盛，正好种在自家门前。他举起手正要采，忽然"嘟嘟"一声，汽车的吼叫把他给唤醒了。原来他还在花园门口，并没走进花园一步。

长儿多么懊恼呀，香糖不见了，果子不见了，只有舌尖上好像还留着甜味。他向花园的大门里望去，依旧是密密层层的深绿间着浅绿的树林。他听到树林里传出美妙的音乐：鼓的声音挺清脆，好像打滚似的；喇叭的声音挺洪亮，好像长鸣似的；长笛的声音最尖锐（ruì），

闹翻天的梦幻国

18. 花 园 外

率(shuài)领着其他的乐器；还有叮叮当当敲击铜器和铁器的声音。可能有一支乐队在树林里为游客们演奏。乐队一定穿着一色的号衣；吹喇叭的，面颊一定鼓得圆圆的，像生气的河豚(tún)；吹长笛的眯着眼睛，像要睡着似的……

> 树林里传出了什么样的声音？这些乐器是怎么演奏的？有感情地读一读。

长儿这么想着，奇怪极了，他觉得自己站在树林里的一座亭子旁边，身子倚在栏杆上，有滋有味地听着乐队演奏。乐队穿着一色的蓝号衣，胸前和肩膀上都绣着美丽的图案。乐器都发出灿烂的金光，把演奏的人的脸蛋和衣服都耀得闪闪烁烁的。他们奏了一曲小调，又奏了一曲山歌。长儿高兴地大声唱起来，乐队就跟着他唱的调儿演奏。他高声唱："开步走，开步走……"乐队就走出亭子，排着整齐的队伍，跟着他在草地上齐步向前走。他举起双臂，指挥乐队向左转，没防着自己让什么给撞了一下，身子打了个旋，才发觉撞他的是两个孩子。原来他还在花园门口，并没走进花园一步。

> 长儿觉得自己来到了哪里？他这次又看到了什么？干了什么？

撞他的孩子就是先前进去的那两个。他们游罢花园出来了，双手捧着许多糖果。他们撞了长儿好像没事儿似的，高傲地跟父母跨上了马车。只

> 故事的结尾为什么还写了两个孩子？

闹翻天的梦幻国

听得一声鞭响,车轮就缓缓地转动起来。长儿呆呆地望着远去的马车,又回过头来看看花园的大门。他似乎进去逛过了,但是仍旧不知道花园里的情景,虽然只隔着一道围墙,而且花园的大门还敞开着呢!

(略有改动)

乐行乐思

故事中为什么写长儿一次又一次的幻想?为什么长儿想去花园里玩耍就这么难呢?你了解那个时代的故事吗?查查资料,去了解一下吧。

19. 祥哥的胡琴

叶圣陶

一条碧清的小溪边,有一所又小又破的屋子。墙壁早就被穿了许多窟窿(kū long),风和阳光、月光可以从这些窟窿自由进出。柱子好像酥(sū)糖一样又粗又松,因为早有蛀(zhù)虫在那里居住。铺在屋面上的稻草早成了灰白色,从各方吹来的风和从云端里落下来的雨,把原先的金黄色都洗掉了。屋子的倒影映在小溪里,快乐的鱼儿都可以看见。月明之夜,屋子的影子站在小溪边上,半夜醒来的小鸟儿都可以看见。

这所又小又破的屋子里,住着祥儿和他的母亲。祥儿的父亲临死的时候,什么事儿也没嘱(zhǔ)咐,只指着挂在墙上的胡琴断断续续地说:"阿祥,我没有什么可以传给你,只有这把胡琴。你收下吧!"祥儿不懂他父亲说这话是什么意思,他的母亲却伤心得哭不出声音来。就在这时候,他的父亲咽气了。

闹翻天的梦幻国

> 这把胡琴是什么样的？父亲在什么时候会拉这把胡琴？

这把胡琴是祥儿的父亲时常拉着玩儿的。本来青色的竹竿，因为手经常把握，变得红润了；涂松香的地方经常被弓摩擦，成了很深的沟；绷着的蛇皮也褪了色。繁星满天的夏天的夜晚，清风吹来的秋天的夜晚，他父亲就拿这把胡琴拉几支曲子。在种田累了的时候，在割草乏(fá)了的时候，他父亲也要拿这把胡琴拉几支曲子，正像别的农人在休息的时候一定要吸几筒旱烟一个样。就是极冷的冬天，白雪像棉絮(xù)一般盖在屋面上，鸟儿们紧紧地挤成一团，也可以听见从屋子里传出来的胡琴的声音。

父亲的棺材被抬出去了，胡琴还挂在墙上。风从墙壁的窟窿吹进来，只见胡琴在轻轻地左右摇摆。阳光和月光射进来。胡琴的影子映在墙上，像一把舀(yǎo)水的勺子。祥儿看着觉得很有趣，胡琴好像充满了神秘的味道。

> 妈妈是在什么时候，怎样教训祥儿的？

母亲织了一会儿草席，指着墙上的胡琴说："阿祥，爸爸把这东西传给了你。你要像爸爸一样会拉，我才喜欢呢！"祥儿不大明白母亲的话，只是对着墙上的胡琴发呆。吃饭的时候，母亲又指着墙上的胡琴说："阿祥，爸爸把这东西传给了你。你要像爸爸一样会拉，我才喜欢呢！"祥儿还是对着胡琴发呆。早

122

闹翻天的梦幻国

19. 祥哥的胡琴

上,祥儿在母亲的怀里醒来,母亲又教训他说:"阿祥,爸爸把墙上那东西传给了你。你要像爸爸一样会拉,我才喜欢呢!"

直到祥儿满了四岁,母亲才从墙上取下胡琴来,交在他手里。母亲说:"现在你可以拉这个东西了。我希望听到你拉出好听的调子来,跟你爸爸拉的一个样。"

祥儿双手握着胡琴。这是天天见面的老朋友,可是怎么拉,他一点儿都不懂。他移动了一下胡琴的弓,胡琴发出锯木头一般的声音。他把弓来回地拉,跟木匠师傅锯木头一个样。母亲看着他,脸上现出笑容,她称赞说:"我的儿子真聪明!"

拉动胡琴上的弓,成了祥儿每天的功课。他不但在家做这功课,走到小溪边,走到街道上,也一样做他的功课。打鱼的老汉正在溪边下网,讥笑他说:"跟锯木头一个样,拉得比你爸爸还好听哩!"蹲在埠(bù)头洗衣服的老太太也讥笑他说:"叫花子胡琴,也算接过了你爸爸的手艺吗?"街道上的孩子们追赶着他说:"难听死了,难听死了,不如把胡琴送给我们玩吧!"祥儿不管他们说些什么,只顾一边拉一边走。

祥儿练习拉琴的时候,别人是怎么说他的?

祥儿走到没有人的地方,周围都是高山,山下都是树林。他拉动弓,自己听着胡琴发出来的声音,觉得很

闹翻天的梦幻国

> 谁告诉祥儿可以教他拉琴？

快活。忽然听到有个声音在唤他："小弟弟，想拉好听的调子吗？我可以教你。"祥儿四面找，一个人也没有。是谁在说话呢？他正在疑惑，那个声音又说："小弟弟，我在这里。你低下头来就看见我了。"祥儿低下头看，原来是一道清澈的泉水，活泼泼地流着，唱着幽静的曲调。水底有许多五色的石子，又圆又光滑，可爱极了。

> 泉水是怎样教祥儿拉胡琴的？

祥儿高兴地回答说："泉水哥哥，你肯教我，我非常感激。"泉水说："你听着我的曲调，把胡琴和着我的调子拉吧。"祥儿侧着耳朵听，很能懂得泉水用它的曲子讲的什么话，就拉动弓和着。胡琴不再发出锯木头的声音了。胡琴的声音紧跟着泉水的曲调，后来竟合成一体，分不出哪是泉水的哪是胡琴的了。祥儿和泉水都高兴极了，只顾演奏，忘记了一切。后来泉水疲倦了，对祥儿说："小弟弟，你拉得很好了。我想休息一会儿，明天再见吧。"泉水的调子越来越轻，最后它睡着了。祥儿离开了泉水，向前走去。

祥儿拉着新学会的曲调，引起周围的山都发出回声，成为很复杂的调子。他自己听着也很快活，忽然又听到有个声音在唤他："小弟弟，还想学一种好听的调子吗？我可以教你。"他四面找，一个人也没有，难道泉水睡醒了，追上来了？他正在疑惑，那个声音又说："小弟弟，我在这里。你抬起头就看见我了。"祥儿抬起头看，原来是一阵纱一般的风，轻轻地吹着，唱着柔和的曲调。小草们、野花们都一边听一边点头。

谁也想教祥儿拉胡琴？

祥儿高兴地回答说："风哥哥，你肯教我，我非常感激。"风说："你听着我的曲调，把胡琴和着我的调子拉吧。"祥儿侧着耳朵听，很能理解风用它的曲子说的什么话，就拉动弓和着，比任何人做任何事儿都用心。胡琴的声音紧跟着风的曲调，后来竟合成一体，分不出哪是风的哪是胡琴的了。祥儿和风都很高兴，一会儿快，一会儿慢，一会儿高，一会儿低，只顾演奏。小草和野花都听得入了迷，好像喝醉了似的都垂下了头。后来风要走了，对祥儿说："小弟弟，你又学会了一种好听的调子了。我现在要到别处去了，有机会再见吧。"风说完就飘走了。祥儿跟风告了别，又向前走去。

风是怎么教祥儿拉胡琴的？

祥儿轮流拉着新学会的曲调，一会儿拉泉水的，一会儿拉风的，不知不觉走进了树林。拉泉水的调子，他就想起了活泼的泉水哥哥；拉风的调子，他就想起了轻柔的风哥哥。忽然他又听到一个声音在唤他："小弟弟，再多学一种好听的曲调，不是更好吗？我可以教

闹翻天的梦幻国

> 还有谁想教祥儿拉胡琴？

你。"他四面找，一个人也没有。奇怪极了，除了泉水和风，又有谁自己愿意当他的音乐教师呢？他正在疑惑，那个声音又说："小弟弟，我在这里。你向绿叶深处仔细找，就看见我了。"祥儿向绿叶深处仔细找，原来是一只美丽的小鸟儿。小鸟儿机灵地从这根树枝飞到那根树枝，一边跳舞，一边唱着优美的曲调。绿叶围成的空间成了小鸟儿的舞台。

祥儿高兴地回答说："小鸟儿哥哥，你肯教我，我非常感激。"小鸟儿说："你听着我的曲调，把胡琴和

> 鸟儿是怎么教祥儿拉胡琴的？祥儿又是怎么学习的？

着我的调子拉吧。"祥儿侧着耳朵听，很能理解小鸟儿用它的曲子说的什么话，就拉动弓和着。他的手腕越发灵活了，轻重快慢都能随他的心意。胡琴的声音紧跟着小鸟儿的曲调，后来竟合成一体，分不出哪是小鸟儿的哪是胡琴的了。祥儿和小鸟儿都开心极了。大家眼睛对着眼睛，微微地笑了。后来小鸟儿唱得口都渴了，对祥儿说："你学会的好听的调子越来越多了。我现在渴了，要到溪边去喝点儿水，顺便洗个澡。咱们以后再见吧。"小鸟儿说完，就飞出树林去了。

祥儿的胡琴拉得越来越好，拉出来的调子越来越奇妙。他的调子不是泉水的，不是风的，也不是小鸟儿的。他把三种曲调融合在一起，产生了新的曲调，好像

把几种颜色调和在一起，成了新的颜色一个样。他常常去看泉水，看泉水睡醒了没有。泉水对他说："你的曲调比我的好听多了。拉一曲给我听，催我睡着吧！"他常常去看风，跟风谈心。风对他说："你的曲调胜过了我的。拉一曲给我听，让我高兴高兴吧！"他常常去看小鸟儿跳舞，听小鸟儿唱歌。小鸟儿对他说："现在你可以教我了。拉一曲给我听，让我学会你的新曲子吧。"祥儿听他们这样说，心里快乐极了，就尽量把自己新编的曲调拉给他们听。泉水听着，安静地睡着了；风听着，微微地笑了；小鸟儿一边听，一边跟他学。

祥儿最后拉出来的调子是怎样的？

祥儿跟大自然的一切做朋友，经常把自己编的曲调拉给它们听。它们个个欢喜祥儿，都把自己的曲调演奏给祥儿听。祥儿的胡琴变得越来越奇妙，他能拉许许多多自己编的新鲜曲子。母亲早就快活得不得了，她对祥儿说："你拉胡琴，拉得跟你爸爸一样好了。我非常欢喜。你可以带着你爸爸传给你的胡琴，把你自己编的曲子拉给世界上所有的人听了。"祥儿听母亲这样说，就带着胡琴，离开了小溪边的这所破屋子。

都市里有一所音乐厅，建筑十分华丽，台阶和柱子都是大理石的，舞台上有丝织的帷幕，有用鲜花做的屏障（píng zhàng），还有许多金色的装饰品，叫人看着眼

闹翻天的梦幻国

> 城市里的音乐厅是怎样布置的？听众是如何欣赏音乐的？

睛发花。大音乐家都在这里演奏过。演奏的时候音乐厅里坐满了人，男的女的，神态都很高雅，服饰都很华贵。他们闭着眼睛，轻轻地点着头，表示只有他们能够欣赏这样高超的乐曲。一曲完了，他们拍起手来，轻轻地，很沉着，表示他们从乐曲中得到了快乐，演奏的音乐家的名声就越发高了。

祥儿来到都市里，音乐厅也请他去拉胡琴。几天之前，街上已经贴满了彩画的大广告。广告上写着："奇妙的调子，新鲜的趣味，田野的音乐家。"这些字写得离奇古怪，格外引人注目。

> 广告上是怎样宣传祥儿的？为什么这样宣传？

到了祥儿演奏的那一天，音乐厅里坐得满满的，自然都是经常来的老听众。他们都望着台上，张开了嘴，好像等着吃什么好东西似的。

祥儿走上台。他仍旧穿着他那半旧的青布衫，提着父亲传给他的那把胡琴。他向听众深深地鞠躬（jū gōng），听众们却在那里皱眉头。"咱们见过几百位上千位音乐家，哪里见过这样的乡下人！这把胡琴难看极了，就跟乞丐（qǐ gài）手里拿的一个样。"听众们正在这样想，祥儿把弓拉动了，琴弦发出的声音在音乐厅中流动。大家开头还很安静，可以听得十分清楚。可是才一会儿，听众说起话来了。人声开头还很轻，后来越来越急，越来

128

越响,好像潮水似的。祥儿的胡琴拉得越来越急,越来越响,嘈(cáo)杂的人声紧紧追了上来,而且盖过了胡琴的声音。祥儿隐隐约约听得他们在说:"从来没听过这样的曲子!""乏味透了!""不知从哪儿来的乞丐!""是个骗子!冒充音乐家的骗子!""把咱们的耳朵都弄脏了,非赶快回去洗一洗不可!"

听众们都站起来,纷纷走出音乐厅,都去洗他们的耳朵了。老绅(shēn)士的胡子翘了起来,贵夫人搽(chá)着一层粉的脸也涨(zhàng)得通红,公子、小姐都在喃(nán)喃地咒(zhòu)骂,表示无法忍住他们的愤怒。最后只剩下祥儿一个人站在台上。他再也拉不下去了,提着父亲传给他的那把胡琴,走出了音乐厅,回过头来,对这座大理石的建筑微微一笑。

祥儿回到小溪边,回到自己的又破又小的屋子里。母亲问他:"我叫你带爸爸传给你的胡琴,把你自己编的曲子拉给世界上所有的人听,你怎么这样快就回来了?"祥儿回答说:"人家不要听我的曲子,所以我回来了。"母亲笑着,把他的脑袋搂在怀里,对他说:"人家不要听你的,我要听。你不要再出去了,在家里拉给我听吧。听了你的胡琴,我织起草席来更有劲了。"母亲吻着祥儿的双颊(jiá),好像他还

是个小娃娃。

你喜欢祥儿的胡琴声吗？

胡琴的声音常常从又破又小的屋子里传出来。在繁星满天的夏夜，在清风吹来的秋晚，在白雪铺满大地的冬天，在到处开满鲜花的春朝，近的、远的村落都可以听到胡琴的声音。泉水琤(chēng)琤瑽(cōng)瑽，风时徐时疾，小鸟儿啾啾唧(jī)唧，都跟胡琴的声音相和；田野就成了一个没有围墙的大音乐厅。

哪些人喜欢祥儿的胡琴声？

祥儿的胡琴带领大自然的一切奏起乐来。那美妙的声音，好像轻纱一般盖在人们的身上。又倦又乏(fá)的农夫恢复了精神，又困又累的磨坊工人又来了劲头，被火红的铁屑(xiè)灼(zhuó)伤的小铁匠忘记了痛，失去儿子的老母亲得到了安慰……所有的人都感到甜美，感到舒适。他们异口同声地说："感谢祥哥的胡琴。"而这祥哥的胡琴声，正是大理石音乐厅里的听众们所不愿意听的。

（略有改动）

乐行乐思

作者写祥儿演奏的大自然的声音，实际上是想告诉大家什么？

20. 快乐的人

叶圣陶

世界上有快乐的人吗？谁是最快乐的人？

世界上有快乐的人的，他就是最快乐的人。现在告诉你们他的故事。

他很奇怪，讲出来或许不能使你们相信，但是他确实这样奇怪。他周身包围着一层极薄的幕(mù)，这是天生的，没有谁给他围上，他自己也不曾围上。这层幕很不容易说明白。假若说像玻璃，透明得跟没有东西一样倒是像了，但是这层幕没有玻璃那么厚。假若说像蛋壳，把他裹(guǒ)得严严的倒是像了，但是蛋壳并不透明。总之，这层幕轻到没有重量，薄到没有质地，密到没有空隙(xì)，明到没有障蔽(zhàng bì)。

> 这个最快乐的人被什么东西包围着？这样东西有什么特点？

他被这么一件东西包围着，但是他自己不知道被这么一件东西包围着。

他在这层幕里过他的生活，觉得事事快乐，时时快乐。他隔着这层幕看环绕他的一切，又觉得处处快乐，样样快乐。

有一天,他坐在家里,忽然来了两个客人。这两个客人原来是两个骗子。他们打算弄些钱去喝酒取乐,就扮作募(mù)捐的样子,一直跑到他家里。因为他们知道,他周身围着一层幕,看不出他们的破绽(zhàn)。

> 两个客人编了什么理由讨到了最快乐的人的金子?

两个客人开口向他募捐。他们的声音十分慈善,他们的话语十分恳切。他们说:受到旱灾的同胞饿得只剩薄皮包着骨头;受到水灾的同胞全身黄肿,到处都渗出水来;受到兵灾的同胞提着快要折断的手臂在哀哭,抱着快要死去的孩子在狂叫。他们说救济苦难的同胞是大家应当做的事,所以愿意尽一点微力,出来到处募捐。

他听了两个客人的话,心里十分感动:受灾的同胞这样悲惨,这样痛苦,他觉得可怜;两位客人这样热心救人,他又很敬佩。他从口袋里取出一大块黄金交到客人的手里。

两个客人诚恳地道了谢,就告别了。出了大门,两个人互相看看,脸上现出狡狯(jiǎo kuài)的笑容,一同去喝酒取乐了。

他捐了一大块黄金,觉得非常快乐。他闭着眼睛想:"这两位客人拿了我的黄金,飞一般地跑到受灾的同胞那边,把黄金分给他们。饿瘦了的立刻有吃的了,

20. 快乐的人

> 最快乐的人陷入了什么样的美好想象之中？

个个变得丰满而强健；浸肿了的立刻得到医治，个个变得活泼而精壮；快要折断的手臂接上了；快要死去的孩子救活了。这多么快活！"他又想，"我能得到这样的快活，都靠这两位客人。我会遇到这样好的客人，又多么快活！"他快活极了，对着镜子里的自己只是笑。

他的妻子在里屋，知道他又被骗子骗去了一大块黄金。她一直不满意他这样做，也很想阻止他，但是看着他堆满了笑意的脸，不知为什么又没有勇气直说了，只在心里实在气不过的时候，冷嘲热讽(fěng)说他几句。他听妻子的话全然辨不出真味，因为他周身围着一层幕。

> 他的妻子为什么没有骂他一顿？

一大块黄金无缘无故到了骗子的手里，他妻子的心里该有多么难过。她想这一回一定要重重实实地骂他一顿，教训他以后不要再上骗子的当。她满脸怒容，从里屋赶出来，但是一看见他堆满笑意的脸，她的怒气就发不出来了，骂他的话也在喉咙口哽(gěng)住了。她只得脸上露出冷笑，用奚(xī)落的口气说："你做的天大的善事，人家一开口，大块的黄金就从口袋里摸出来。你真是世间唯一的好人！这样的好事，以后尽可以多做些！做得越多，就见得你这个人越好！"

闹翻天的梦幻国

他看着妻子的笑脸,这么美丽,这么真诚,已经快乐得没法说了;又听她的话语这么恳切,这么富有同情心,更快乐得如醉如痴,不知怎么才好。他的嘴笑得合不拢来,肥胖的脸上都起了皱纹;一连串笑声像是老鹳(guàn)夜鸣。他好容易忍住了笑,说道:"我遇见的人没有一个不是好人,尤其是你,好到使我想不出适当的话来称赞,更觉得含有深浓无比的快活。我当然依你的话,以后要尽量多做好事。"他说着,带了几块更大的金子,向外面走去。

> 听了妻子的冥落,他是怎么想、怎么说的?

前面是一片田野,矮墩(dūn)墩、绿油油的,尽栽的桑树。他远远望去,看见有好些人在桑林中行动。原来这时候正是初夏天气,蚕快要做茧了,急等着桑叶吃。养蚕的人昼夜不停地采了桑叶去喂蚕。桑林不是那些人自己的,他们得给桑林的主人付了钱,才能动手采。他们又没有钱,只好把破棉衣当了,把缺了腿的桌子、凳子卖了,凑成一笔钱来付给桑林的主人。所以每一片桑叶都染着钱的臭气。这种臭气弥漫在田野间,淹没了花的香气、泥土的甘芳。养蚕的人好几夜没有睡了,疲倦的脸上泛着灰色,眼睛网满了红丝。他们几乎要病倒了,还勉强支撑着,两手不停地摘采,不敢懈怠(xiè dài)。这样困倦的人在桑林中行动,减

> 桑林中的景象是什么样的?

20. 快乐的人

损了阳光的明亮、草树的葱绿。

他走近桑林，一点儿都觉察不到采桑的人的困倦，也嗅不出遍布在桑林里的钱的臭气，因为他周身围着一层幕。他只觉得满心的快乐。他想："这景象多么悦目，多么叫人心醉呵！那些人真幸福！采桑喂蚕，正是太古时候的淳朴的生活。他们就过着这种淳朴的生活呢。"他一边想，一边停了脚步，看他们把一条一条的桑枝剪下来，盛满一筐，又换过一个空筐子。不可遏止的诗情像泉水一般涌出来了。他的诗唱道：

> 满野的绿云，满野的绿云，
> 人在绿云中行。
> 采了绿云喂蚕儿，喂蚕儿，
> 蚕儿吐丝鲜又新。
>
> 髻(jì)儿蓬松的姑娘们，姑娘们，
> 可不是脚踏绿云的仙人！
> 身躯健壮的，胳膊健壮的，
> 可不是太古时代的快活人！

> 最快乐的人面对桑林中的一切是怎么想、怎么说、怎么做的？你觉得他是一个怎样的人？

> 朗诵最快乐的人朗诵的诗，你有什么感受？

135

闹翻天的梦幻国

他得意极了，反复吟唱自己的新诗，似乎鸟儿也和着他吟唱，泉水也跟着他赞美。若有人问："快乐的天地在哪里？"他一定会跳跃着回答："我们的天地就是快乐的天地。因为在这天地间，没有一个人、一块石头、一根草、一片叶子不快乐。"

他走过田野，来到都市里。最使他触目的，是一座五层楼房。机器的声响从里面传出来，雄壮而有韵(yùn)律。

原来这是一家纺纱厂，在里面工作的全是妇女。做妻子的，因为丈夫的力气已经用尽，还养不活一家老小；做女儿的，因为父亲找不到职业，一家人无法生活。她们只好进这个纺纱厂来做工。早上天还没亮，她们赶忙跑进厂去；傍晚太阳早回家了，她们才回家。她们中午吃的，是带进去的冷粥和硬烧饼。她们没有工夫梳头，没有工夫换衣服，没有工夫伸伸腰打个呵欠，就是生下了孩子，也没有工夫喂奶。她们聚集在一处工作，发出一种浓厚的混污的气息，凝成一种惨淡的颓(tuí)丧的景象。这种气息，这种景象，充塞在厂房以内，笼罩在厂房之外。这座五层楼房，就仿佛埋在泥沙里、阴沟里。

> 纺纱厂里的妇女是怎样工作和生活的？你觉得她们快乐吗？

他走进厂房，一点儿都觉察不到四围的混污和颓丧，因为他周身围着一层幕。他只觉得眼前的一切都有趣味。他想："这机器的发明真是人类的第一快乐的事呵！试看机器的工作，多么迅速，多么精巧！那些妇女也十分幸福，她们只做那最轻松的工作，管理机器。"他看着机器在转动，女工在工作，雪白的细纱不断地纺出来，诗情又潮水一般升起来了。他的诗唱道：

> 人的聪明，只要听机器的声音，
> 人的聪明，只要看机器在运行。
> 机器给我们东西，好的东西。
> 我们领受它的厚礼。
>
> 我赞美工作的女人，
> 洁白的棉纱围在周身，
> 虽然用的力量这么轻微，
> 人间已感激她们的力量的厚意。

他兴奋极了，反复吟唱自己的新诗，似乎机器也和着吟唱，女工们都点头赞叹。若有人问："快乐的天地在哪里？"他必然会跳跃着回答："这里就是一个快乐的天地。因为在这里，没有一个人、一块铁、一缕纱、一条皮带不快乐。"

闹翻天的梦幻国

> 人们为何向最快乐的人行礼？他们想了什么办法骗取了他的黄金？

他走出纺纱厂，一大群人迎了上来，欢呼的声音像潮水一般，而且一齐向他行礼。这些人探知他带着很多大块的黄金，就想骗到手。他是不会知道底细的，因为他周身围着一层幕呢！

这些人中的一个代表温和地笑着，向他说："天地是快乐的，人是快乐的，先生是这么相信，我们也这么相信。我们想，咱们在快乐的天地间，做快乐的人，真是最快乐不过的事。这可不能没有个纪念。我们打算造个快乐纪念塔，想来先生一定是赞成的。"

"赞成！赞成！"他高兴地喊着，就把带来的大块的黄金都交给了他们。他们欢呼了一阵，就走了，后来把黄金分了。他呢，欢欢喜喜地回到家里，只是设想那快乐纪念塔怎么精美，怎么雄伟；落成的那一天怎么热闹，怎么快乐。这天夜里，他的妻子听见他在梦中发狂般地欢呼。

> 人们得到黄金后干了什么？最快乐的人回到家后怎么做的？你有什么感受？

以上说的，是他一天的经历。他的快乐生活都是这么过的。

有一天，大家传说他死了，但他害的什么病，大家都不大清楚。后来有人说："他并不是害病死的。有一个恶神在地面游行，要使地面上没有一个快乐的

138

人,忽然查出了他,就把他的透明无质的幕轻轻地刺破了。"

(略有改动)

读了这个故事,你懂得了什么道理?

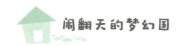

21. 古代英雄的石像

叶圣陶

为了纪念一位古代的英雄,大家请雕(diāo)刻家给这位英雄雕一个石像。

雕刻家答应下来,先去翻看有关这位英雄的历史,想象他的容貌,想象他的性情和气概(gài)。雕刻家的意思:随随便便雕一个石像不如不雕,要雕就得把这位英雄活活地雕出来,让看见石像的人认识这位英雄,明白这位英雄,从而崇拜这位英雄。

> 雕刻家在雕刻之前做了什么事?

功到自然成。雕刻家一边研究,一边想象。石像的模型(xíng)在他心里渐渐完成了。石像的整个姿态应该怎样,面目应该怎样,小到一个手指头应该怎样,细到一根头发应该怎样,他都想好了。他的意思:只有依照他想好的样子雕出来,才是这位英雄的活生生的本身,不是死的石像。

雕刻家到山里采了一块大石头,就动手工作。他心里有现成的模型,雕起来就有数,看着那块大石头,什么地方应该留，什么地方应该去，都清楚明白。钢凿(záo)一下一下地凿，刀子一下一下地刻，大小石块就纷纷往地上掉。像黄昏时星星的显现一样，起初模糊，后来明晰，这位英雄的像终于站在雕刻家面前了。真是一丝也不多，一毫也不少，正同雕刻家心里想的一模一样。

> 你从这位雕刻家身上学到了什么？

这石像抬着头，眼睛直盯着远方，表示他的志向远大无边。嘴张着，好像在那里喊："啊！"左胳膊圈向里，坚强有力，仿佛拢(lǒng)着他下面的千百万群众。右手握着拳，向前方伸着，筋(jīn)骨突出像老树干，意思是谁敢侵犯他一丝一毫，他就不客气。

> 雕刻好的石像是什么样子的？

市中心有一片广场，大家就把这新雕成的石像立在广场的中心。立石像的台子是用石块砌(qì)成的。这些石块就是雕刻家雕像的时候凿下来的。这是一种新的美术建筑法，雕刻家说比用整块的方石垫在底下好得多。台子非常高。人到市里来，第一眼望见的就是这石像，就像到巴黎去第一眼望见的是那铁塔一个样。

雕刻家从此成名了，因为他能够给古代英雄雕一个石像，使大家都满意。

为了庆祝石像雕刻成功，市民曾经开了一个盛大的纪念会。市民都聚集到市中心的广场，在石像下行礼、

闹翻天的梦幻国

> 市民是怎样对待这尊石像的?

欢呼、唱歌、跳舞;还喝干了几千坛(tán)酒,挤破了几百身衣裳,摔(shuāi)伤了很多人的膝(xī)盖。从这一天起,大家心里有这位英雄,眼里有这位英雄,做什么事情都特别有力气,都觉得特别有意思。无论谁从石像下经过,都要站住,恭(gōng)恭敬敬地鞠(jū)个躬,然后再走过去。

> 见到人们尊敬他,石像变得怎样了?

骄傲的毛病谁都容易犯,除非圣人或傻子。那块被雕成英雄像的石头既不是圣人,又不是傻子,只是一块石头,看见人们这样尊敬他,当然就禁不住要骄傲了。

"看我多荣耀!我有特殊(shū)的地位,站得比一切都高。所有的市民都在下面给我鞠躬行礼。我知道他们都是诚心诚意的。这种荣耀最难得,没有一个神圣仙佛能够比得上!"

他这话不是对浮游的白云说的,因为白云无精打采的,没有心思听他的话;也不是对摇摆的树林说的,因为树林忙忙碌碌的,没有工夫听他的话。他这话是向垫在他下面的伙伴——大大小小的石块说的。骄傲的架子要在伙伴面前摆,也是世间的老规矩。但是他仍然抬着头,眼睛直盯着远方,对自己的伙伴连一眼也不瞟(piǎo),这就见得他的骄傲太过分了。他看不起自己的伙伴，不屑(xiè)于靠近他们，甚至还有溜到嘴边又咽回去的一句话："你们，垫在我下面的，算得了什么呢！"

分角色朗读小石头和石像的对话，感受石像的傲慢。

"喂，在上面的朋友，你让什么东西给迷住心了？你忘了从前！"台子角上的一块小石头慢吞吞地说，像是想叫醒喝醉的人，各个字都说得清楚。

"从前怎么样？"上面那石头觉得出乎意料，但是不肯放弃傲慢的气派。

"从前你不是跟我们混在一起吗？没有你，也没有我们，咱们是一整块。"

"不错，从前咱们是一整块。但是，经过雕刻家的手，咱们分开了。钢凿一下一下地凿，刀子一下一下地刻，你们都掉下去了。独有我，成了光荣尊贵的、受全体市民崇拜的雕像。我高高在上是应当的。难道你们想跟我平等吗？如果你们想跟我平等，就先得叫地跟天平等！"

"嘻！"另一块小石头忍不住，出声笑了。

再次分角色朗读石像和另一块小石头的对话，体会石像的盛气凌人。

"笑什么！没有礼貌的东西！"

"你不但忘了从前，也忘了现在！"

"现在又怎么样？"

"现在你其实也并没跟我们分开。咱们还是一整块，不过改了个样式。你看，从你的头顶到我们最下层，不是粘（zhān）在一起吗？并且，正因为改成现在的样式，你的地位倒不安稳了。你在我们身上站着。只要我们一摇动，你就不能高高地……"

"除了你们，世间就没有石块了吗？"

想象石像的样子。你喜欢这样的石像吗？

"用不着费心再找别的石块了！那时候就没有你了，一跤摔下去，碎成千块万块，跟我们毫无分别。"

"没有礼貌的东西！胡说！敢吓唬（hǔ）我？"上面那石头生气了，又怕失去了自己的尊严，所以大声吆（yāo）喝，像对囚犯或奴隶（lì）一样。

"他不信。"砌成台子的全体石块一齐说，"马上让他看看！把他扔下去！"

上面那石头吓了一跳，顾不得生气了，也暂时忘了自己的尊严，就用哀求的口气说："别这样！彼此是朋友，连在一起、粘在一起的朋友，何必故意为难呢！你们说的一点儿也不错，我相信，千万不要把我扔下去！"

"哈！哈！你相信了？"

"相信了，完全相信。"

危险算是过去了。

骄傲像隔年的草根，冬天刚过去，就钻出一丝丝的嫩芽。上面那石头故意让语声柔和一些，用商量的口气说："我想，我总比你们高贵一些吧，因为我代表一位英雄。这位英雄在历史上是很有名的。"

一块小石头带着讥(jī)笑的口气说:"历史全靠得住吗?几千年前的人自个儿想的事情,写历史的人都会知道,都会写下来。你说历史能不能全信?"

另一块石头接着说:"尤其是英雄,也许是个很平常的人,甚至是个坏蛋,让写历史的人那么一吹嘘,就变成英雄了,反正谁也不能倒过年代来对证。还有更荒唐的,本来没有这个人,明明是空的,经人一写,也就成了英雄。哪吒(zhā)、孙行者,不都是英雄吗?这些虽说是小说里的人物,可是也在人们的心里扎了根。这种小说跟历史也差不了多少。"

> 你觉得这两块小石头对于历史的论述正确吗?为什么?

"我代表的那位英雄总不会是空虚的。"上面那石头有点儿不高兴,竭力想说服底下的那些石头,"看市民这样纪念他、崇拜他,他一定是历史上的实实在在的英雄。"

"也未必!"六七块石头同时接着说。

一块伶俐的小石头又加上一句:"市民最大的本领就是纪念空虚,崇拜空虚。"

上面那石头更加不高兴了,自言自语地说:"空虚?我以为受人崇拜总是光荣的,难道我上了当……"

> 为什么说受人崇敬的石像是空虚的?

一块小石头也自言自语地说:"我

们岂但上了当，简直受了罪——一辈子垫在空虚的底下。"

大家不再说话了，都在想事情。

> 想一想，石像为什么倒下来了？

半夜里，石像忽然倒下来了，像游泳的人由高处跳到水里。离地高，摔得重，碎成千块万块。石像，连下面的台子，一点儿原来的样子也没有了，变成大大小小的石块，堆在地上。

第二天早晨，市民从石像前边过，预备恭恭敬敬地鞠躬，可是广场中心只有乱石块，石像不知哪里去了。大家你看看我，我看看你，说不出一句话，无精打采地走散了。

雕刻家在乱石块旁边大哭了一场，哀悼他生平最伟大的杰作。他宣告说，他从此不会再雕刻了。果然，以后他连一件小东西也没雕过。

乱石块堆在广场的中心很讨厌。有人提议用它筑市外往北去的马路。大家都赞成。

新路筑成以后，市民从那里走，都觉得很方便，又开了一个庆祝的盛会。

晴和的阳光照在新路上，块块石头都露出笑脸。他们都赞美自己说：

"咱们真平等！"

"咱们一点儿也不空虚！"

"咱们集合在一块儿,铺成真实的路,让人们在上面高高兴兴地走!"

(略有改动)

读了这个故事,你悟出了什么道理呢?

22. 含羞草

叶圣陶

> 把小草和玫瑰放在一起写,你有什么感受?

一棵小草跟玫瑰是邻居。小草又矮(ǎi)又难看,叶子细碎,像破梳子,茎瘦(shòu)弱,像麻线,站在旁边,没有一个人看他。玫瑰可不同了,绿叶像翡翠(fěi cuì)雕(diāo)成的,花苞饱满,像奶牛的乳房,谁从旁边过,都要站住细看看,并且说:"真好看!快开了。"

玫瑰花苞里有一个,仰着头,得意扬扬地说:"咱们生来是玫瑰,太幸运了。将来要过什么样的幸福生活,现在还说不准。咱们先谈谈各自的愿望吧。春天这么样长,闷着不谈谈,真有点儿烦。"

> 粉色花苞的愿望是什么?猜一猜,它的愿望能够实现吗?

"我愿意来一回快乐的旅行。"一个脸色粉红的花苞抢着说,"我长得漂亮,这并不是我自己夸,只要有眼睛的就会相信。凭我这副容貌,我想跟我一块儿去的,不是阔老爷,就是阔小姐。只有他们才配得上我呀。他们的衣服用伽(jiā)南香熏(xūn)过，还洒上很多巴黎(lí)的香水，可是我蹲在他们的衣襟(jīn)上，香味最浓，最新鲜，真是压倒一切，你说这是何等荣耀！车，不用说，当然是头等。椅子呢，是鹅绒铺的，坐上去软绵绵的，真是舒服得不得了。窗帘是织锦的，上边的花样是有名的画家设计的。放下窗帘，你可以欣赏那名画，并且，车里光线那么柔和，睡一会儿午觉也正好。要是拉开窗帘，那就更好了，窗外边清秀的山林、碧绿的田野，在那里飞、飞、飞，转、转、转。这样舒服的旅行，我想是最有意思的了。"

"你想得很不错呀！"好些玫瑰花苞在暖暖的春天本来有点儿疲倦，听她这么一说，精神都来了，好像她们自己已经蹲在阔老爷、阔小姐的衣襟上，正坐在头等车里快乐地旅行。

> 听了粉色花苞的话，其他玫瑰花苞是怎样想的？

可是附近传来轻轻的、慢慢的声音："你要去旅行，的确是很有意思，可是，为什么一定要蹲在阔老爷、阔小姐的衣襟上呢？你不能谁也不靠，自己想怎么着就怎么着吗？并且，你为什么偏看中了头等车呢？一样是坐火车，我劝你坐四等车。"

> 邻居的小草是怎么说的呢？

"听，谁在那儿说怪话？"玫瑰花苞们仰起头看，天青青的，灌木林里只有几只蜜蜂"嗡嗡"地飞，鸟

闹翻天的梦幻国

儿一只也没有，大概是到树林里玩耍去了——找不到那个说话的。玫瑰花苞们低下头一看，明白了，原来是邻居的小草，他抬着头，摇摆着身子，像一个辩论家似的，正在等对方答复。

"头等车比四等车舒服，我当然要坐头等车。"愿意旅行的那个玫瑰花苞随口说。说完，她又想，像小草这么卑(bēi)贱(jiàn)的东西，怎么能懂得什么叫舒服，非给他解释一下不可。她就用教师的口气说："舒服是生活的尺度，你知道吗？过得舒服，生活才算有意义；过得不舒服，活一辈子也是白活。所以吃东西就要吃山珍海味，穿衣服就要穿绫(líng)罗绸缎(chóu duàn)。吃杂粮、穿粗布自然也可以将就活着，可是，有吃山珍海味、穿绫罗绸缎舒服吗？当然没有。就为这个，我就不能吃杂粮、穿粗布。同样的道理，四等车虽然也可以坐着去旅行，可我看不上。座位那么脏，窗户那么小，我简直得憋(biē)死。你倒劝我去坐四等车，你安的什么心？"

> 愿意旅行的粉色花苞是怎样理解"舒服"的？

小草很诚恳地说："哪样舒服，哪样不舒服，我也不是不明白，只是，咱们来到这世界，难道就专为求舒服吗？我以为不见得，并且不应该。咱们不能离开同伴，自个儿过日子。并且，自己舒服了，看

> 小草是怎样理解"舒服"的？你同意谁的想法呢？

见旁边有好些同伴正在受罪，又想到就因为自己舒服了他们才受罪，舒服正是罪过，这时候舒服还能不变成烦恼吗？知道是罪过，是烦恼，还有人肯去做吗？求舒服的，想吃好的、穿好的、用好的的人，都是不知道反省，不知道自己的行为是罪过的人。"

愿意旅行的那个玫瑰花苞很看不起小草，冷笑了一声说："照你这么说，大家挤在监狱似的四等车里去旅行，才是最合理啦！那么，最舒服的头等车当然用不着了，只好让可怜的四等车在铁路上跑来跑去了，这不是退化是什么！你大概还不知道，咱们的目的是让世界走向进化，而不是走向退化。"

"你居然说到进化！"小草也冷笑一声，"我真忍不住笑了。你自己坐头等车，看着别人猪羊一样在四等车里挤，这就算是走向进化吗？照我想，

> 小草同意粉色玫瑰所说的进化吗？你是怎么理解进化的？查查资料吧。

凡是有一点儿公平心的，他也一样盼望世界进化，可是在大家不能都有头等车坐的时候，他就宁可坐四等车。坐四等车虽然不舒服，但比起亲自干不公平的事儿来，要舒服得多呢。"

"嘘！嘘！嘘！"玫瑰花苞们嫌小草讨厌，像戏院的观众对付坏角色一样，想用嘘声把他轰跑，"无知的小东西，别再胡说了！""咱们还是说说各自的希望吧。谁先说？"一个玫瑰花苞提醒大家。

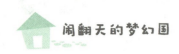

"我愿意在赛花会里得第一名奖赏。"说话的是一朵半开的玫瑰,她用柔和的颤(chàn)音说,故意显出娇媚的样子,"在这个会上,参加比赛的没有凡花野花,都是世界上第一等的、稀(xī)有的,还要经过细心栽培,细心抚养,一句话,完全是高等生活里培养出来的。在这个会上得第一名奖赏,就像女郎当选全世界的第一美人一个样,真是什么荣耀也比不上。再说会上的那些裁(cái)判员,没一个是一知半解的,他们学问渊(yuān)博,有正确的审美标准,知道花的姿势怎么样才算好,颜色怎么样才算好,又有历届赛花会的记录做参考,当然一点儿也不会错。他们判定的第一名,是地地道道的第一名,这多么值得骄傲。还有呢,彩色鲜明、气味芬芳的会场里,挤满了高贵的文雅的男女游客,只有我,站在最高的紫檀(tán)几上的古瓷瓶里,在全会场的中心,收集所有的游客的目光。看吧,爱花的老翁拈(niān)着胡须向我点头了,华贵的阔佬(lǎo)挺着肚皮对着我出神了,美丽的女郎也冲着我,从红嘴唇(chún)的缝(fèng)儿里露出微笑了。我,这时候,简直快活得醉了。"

朗读这半开的玫瑰所说的话。你觉得这是一朵怎样的玫瑰?

"你也想得很不错呀!"好些玫瑰花苞都一致赞美。可是想到第一名只能有一个,就又都觉得第一名应该归自己,不应该归那个半开的:不论比品种,比生活,比

22. 含羞草

姿势，比颜色，自己都不比那个半开的差。

但是那个好插嘴的小草又说话了，态度还是很诚恳的："你想上进，比别人强，志气确是不错。可是，为什么要到赛花会里去争第一名呢？你不能离开赛花会，显显你的本事吗？并且，你为什么这样相信那些裁（cái）判（pàn）员呢？依我说，同样的裁判，我劝你宁可相信乡村的庄稼佬。"

> 小草的想法对吗？为什么呢？

"你又胡说！"玫瑰花苞们这回知道是谁说话了，低下头看，果然是那邻居小草，他抬着头，摇摆着身子，在那里等着答复。

愿意得奖的玫瑰花苞歪着头，很看不起小草的样子，自言自语道："相信庄稼佬的裁判？太可笑了！不论什么事，都有内行，有外行，外行夸奖一百句，不着边儿，不如内行的一句。我不是说过吗？赛花会上那些裁判员，有学问，有标准，又有丰富的参考，对于花，他们当然是百分之百的内行。为什么不相信他们的裁判呢？"说到这里，她心里的骄傲压不住了，就扭一扭身子，显显漂亮，接着说，"如果我跟你这不懂事的小东西摆在一起，他们一定会选中我，踢开你。这就证明他们有真本领，能够辨别什么是美，什么是丑。为什么不相信他们的裁判呢？"

> 读一读，演一演，体会愿意得奖的玫瑰心里的骄傲之情。

闹翻天的梦幻国

"我并不想跟你比赛，抢你的第一名。"小草很平静地说，"不过你得知道，你们以为最美丽的东西，不过是他们看惯了的东西罢了。他们看惯了把花朵扎成大圆盘的菊花，看惯了枝干弯曲得不成样子的梅花，就说这样的花最美丽。就说你们玫瑰吧，你们的祖先也这么臃（yōng）肿吗？当然不是。也因为他们看惯了臃肿的花，以为臃肿就是美，园丁才把你们培养成这样子。你还以为这是美丽吗？什么爱花的老翁、华贵的阔佬、美丽的女郎，还有有学问、有标准的裁判员，他们是一伙儿的，全是用习惯代替辨别的人物。让他们夸奖几句，其实没有什么意思。"

> 小草为什么说老翁、阔佬、女郎和裁判员没有辨别力？

愿意得奖的玫瑰花苞生气了，噘（juē）着嘴说："照你这么一说，赛花会里就没一个人能辨别啦？难道庄稼佬反倒能辨别吗？只有庄稼佬有辨别的眼光？咳！世界上的艺术真算完了！"

> 小草认为什么是艺术？画出相关语句，读一读。

"你提到艺术，"小草不觉兴奋起来，"你以为艺术就是故意做成歪斜屈（qū）曲的姿势，或者高高地站在紫檀几上的古瓷瓶里吗？依我想，艺术要有活跃的生命、真实的力量，别看庄稼佬……"

"不要听那小东西乱说了。"另一个玫瑰花苞说，"看，有人买花来了，咱们也许要离开这里了。"

来的是一个肥胖的厨师，胳膊上挎(kuà)着个篮子。篮子里盛着脖子割破的鸡、鳃(sāi)盖一起一落的快死的鱼，还有一些青菜和莴苣(wō jù)。厨师背后跟着个弯着腰的老园丁。

老园丁举起剪刀，"咔嚓咔嚓"，剪下一大把玫瑰花苞。这时候，有个蜜蜂从叶子底下飞出来。老园丁以为他要螫手，一袖子就把他拍到地上。

剪下来的玫瑰花苞们一半好意，一半恶意，跟小草辞别说："我们走了，荣耀正在等着我们。你自个儿留在这里，也许要感到寂寞吧？"她们顺手推一下小草的身体，算是表示恋恋不舍的感情。

一阵羞愧通过小草的全身，破梳子般的叶子立刻合拢来，并且垂下去，正像一个害羞的孩子，低着头，垂着胳膊。他替无知的庸(yōng)俗的玫瑰花苞们羞愧(kuì)，明明是非常无聊(liáo)，她们却以为十分光荣。

> 小草羞愧的样子是什么样的？它为谁而羞愧？

过了一会儿，小草忽然听见一个低微的"嗡嗡"的声音，像病人的呻吟(shēn yín)。他动了怜悯(mǐn)的心肠，往四下里看看，问："谁哼哼哪？碰见什么不幸的事儿啦？"

"是我，在这里。我被老园丁拍了一下，一条腿受伤了，痛得很厉害。"声音是从玫瑰丛下边的草丛里发出来的。

> 分角色朗读小草和蜜蜂的话，体会小草对蜜蜂的关心。

小草往那里看，原来是一只蜜蜂。他很悲哀地说："你的腿受伤啦？要赶紧去找医生治，不然，就要成瘸(qué)子了。"

"成了瘸子，就不能站在花瓣上采蜜了！这还了得！我要赶紧去找医生。只是不知道什么地方有医生。"

"我也不知道——喔，想起来了，常听人说'药里的甘草'。甘草是药材，一定知道什么地方有医生。隔(gé)壁有一棵甘草，等我问问他。"小草说完，就扭过头去问甘草。

甘草回答说，那边大街上，医生多极了，凡是门口挂着金字招牌，上边写某某医生的都是。

"那你就快到那边大街上，找个医生去治吧！"小草催促蜜蜂说，"你还能飞不能？要是还能飞，你要让那只受伤的腿蜷(quán)着，防备再受伤。"

"多谢！我就照你的话办。我飞是还能飞，只是腿痛，连累得翅膀没力气。忍耐着慢慢飞吧。"蜜蜂说完，就用力扇翅膀，飞走了。

> 猜一猜,蜜蜂治好腿伤了吗？

小草看蜜蜂飞走了，心里还是很惦(diàn)记他，不知道他能不能很快治好。如果十天半个月不能好，这可怜的小朋友就要耽误工作了。他一边想，一边等，等了好半天，才见蜜蜂哭丧着脸飞回来，翅膀好像断了似的，歪歪斜斜地落下来，受伤的腿照旧蜷着。

> 圈出描写小草和蜜蜂动作的词语，仿照说一说某个小动物的活动。

"怎么样？"小草很着急地问，"医生给你治了吗？"

"没有。我找遍了大街上的医生，都不肯给我治。"

"是因为伤太重，他们不能治吗？"

"不是。他们还没看我的腿，就跟我要很贵的诊费。我说我没有钱，他们就说没钱不能治。我就问了：'你们医生不是专给人家治病的吗？我受了伤为什么不给治？'他们反倒问我：'要是谁有病都给治，我们真的吃饱了没事做吗？'我就说：'你们懂得医术，给人治病，正是给社会尽力，怎么说吃饱了没事做呢？'他们倒也老实，说：'这种力我们尽不了，你把我们捧得太高了。我们只知道先收钱，后治病。'我又问：'你们诊费诊费不离口，金钱和治病到底有什么分不开的关系呢？'他们说：'什么关系？我们学医术，先得花钱，目的就在现在给人治病挣更多的钱。你看金钱和治病的关系怎么能分开？'我再没什么话跟他们说了，我拿不出诊费，只好带着受伤的腿飞回来。朋友，我真没想到，世界上有这么多医生，却都不给没钱的人治病！"蜜蜂伤感极了，身体歪歪斜斜的，只好

> 医生为什么不给蜜蜂治病？真正的医生应该是怎样的？

靠在小草的茎上。

> 小草这次又是替谁羞愧？为什么？

又是一阵羞愧通过小草的全身，破梳子般的叶子立刻合拢来，并且垂下去，正像一个害羞的孩子，低着头，垂着胳膊。他替不合理的世间羞愧，有病的走进医生的门，医生却拒绝医治。

没多大工夫，一个穿短衣服的男子来了，买了小草，装在盆里带回去，摆在屋门前。屋子是草盖的，泥土打成的墙，没有窗，只有一个又矮又窄的门。从门往里看，里边一片黑。这屋子附近还有屋子，也是这个样子。这样的草屋有两排，面对面。当中夹着一条窄巷，满地是泥，脏极了，而且苍蝇成群，地上有几处还存了水。水是深黑色的，上边浮着一层油光，仔细看，水面还在轻轻地动，原来有无数孑孓(jié jué)在里边游泳。

小草正往四处看，忽然看见几个穿制服的警察走来，叫出那个穿短衣服的男子，怒气冲冲地说："早就叫你搬开，为什么还赖在这里？"

"我没地方搬哪！"男子愁眉苦脸地回答。

"胡说！市里空房子多得很，你不去租，反说没地方搬！"

> 分角色朗读警察和男子的对话，体会警察的态度强硬、不通情理，以及男子的无可奈何。

"租房子得钱，我没有钱哪！"男子说着，把两只手一摊。

"谁叫你没有钱！你们这些破房

子最坏，着了火，一烧就是几百家，又脏成这样，要是闹起瘟疫（wēn yì）来，不知道要害死多少人。早就该拆（chāi）。现在不能再宽容了，这里要建筑华丽的市场，后天开工。去，去，赶紧搬，赖在这里也白搭！"

"往哪儿搬！叫我搬到露天去吗？"男子也生气了。

"谁管你往哪儿搬！反正得离开这儿。"说着，警察就钻进草屋，紧接着一件东西就从屋里飞出来，掉在地上。嘭！是一个饭锅。饭锅在地上连转带跑，碰着小草的盆子。

又是一阵羞愧通过小草的全身，破梳子般的叶子立刻合拢来，并且垂下去，正像一个害羞的孩子，低着头，垂着胳膊。他替不合理的世间羞愧，要建筑华丽的市场，却不管人家有没有住的地方。

> 这次小草又是为什么羞愧呢？

这小草，人们叫他"含羞草"，可不知道他羞愧的是上边讲的一些事儿。

（略有改动）

你认为这是一株怎样的小草呢？

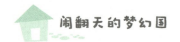

1. 了解考评标准。看后记"争当'最美乐读者'",了解面试的基本标准和操作方法,并从正确、流利、有感情、有个性四个方面了解具体的评价要求。

2. 老师示范考评。学生讲述自己充分准备的拿手故事,由老师从四个方面逐一做示范评价打分。

3. 大家共同考评。一名学生抽签讲述故事,老师引导学生对照标准进行共同评价打分。

4. 我也要当考官。学习小组尝试对本小组中的一个组员进行面试,由组长主持,大家都来当考官。

自测练习

班级_____ 姓名_____ 评价_____

故事内容我知道

1. 判断下列对童话故事的描述是否正确,对的打"√",错的打"×"。

(1)《坚定的锡兵》中的小锡兵肩上扛着长枪,非常威武,他有两条腿。(　　)

(2)《癞蛤蟆》中最小的癞蛤蟆不想要宝石,只希望有一天能去看看外面的世界,他觉得外面的世界很有趣。(　　)

(3)《画眉》中画眉最后决定还是回到华丽得像宫殿的鸟笼中,因为他喜欢住在那里。(　　)

(4)《鲤鱼的遇险》中鲤鱼们从始至终都抱有一个信念:凡是太阳、月亮和星星照到的地方,都跟他们的小河一样平静,都有要好的朋友,都有新鲜的生活,都充满着非常浓的趣味。(　　)

(5)《古代英雄的石像》中,石像变得越来越瞧不起自己的基座,是因为它长期受到市民们的崇敬而变得骄傲自大。(　　)

（6）《眼泪》中讲的是一个男人在永无止境地寻找同情之泪。他去了很多地方，最终找到的同情之泪是老妇人不忍杀鸡而流下的同情的泪水。（　　）

（7）《丁香花》中男孩知道厨师指使姑娘杀自己的真相后，把厨师变成了一只卷毛狗。（　　）

2. 选一选。

（1）拇指姑娘是个特别有爱心的人，她救了（　　）。

　　A. 老田鼠　　B. 癞蛤蟆　　C. 小燕子

（2）《小意达的花儿》中小意达把（　　）带到了她的玩具们那里。

　　A. 生病的花儿　　　　B. 会跳舞的小草

　　C. 一顶漂亮的草帽

故事人物我了解

1. 本学期我们读过很多童话故事。故事中的人物个性鲜明。请选择合适的词语来评价故事中的人物（连一连）。

拇指姑娘	美丽纯洁，向往自由	《稻草人》
亚麻	善良勇敢，意志坚定	《芳儿的梦》
锡兵	面对挫折，乐观坚强	《亚麻》
芳儿	善良友好，尽职尽责	《坚定的锡兵》
稻草人	天真无邪，孝顺可爱	《拇指姑娘》

2. 根据描述，在横线上填上童话故事中的人物。

（1）老头子用一匹马换回了一袋烂苹果，_____却说:"我的老头子做事总不会错的。"老夫妻最终获得了两个英国人的112镑金币。

(2)这朵玫瑰使_____脸上洋溢着孩童般的快乐,双眼里流动着青春光彩。她才是最幸运的。

感受丰富的语言

1. 好的文字是有画面感的。自由朗读《祥哥的胡琴》中的片段,你的眼前仿佛出现了怎样的画面?听到了怎样的声音?写下你所想象到的画面。

> 泉水琤琤玱玱,风时徐时疾,小鸟儿啾啾唧唧,都跟胡琴的声音相和:田野就成了一个没有围墙的大音乐厅。

2. 好的心理描写能够帮助我们探究人物的精神世界。自由朗读《稻草人》中的心理描写,你感受到了稻草人怎样的想法?结合写作背景,你又感受到了作者什么样的内心世界?

> 他恨自己,不该像树木一样定在泥土里,连半步也不能动。见死不救不是罪恶吗?自己就正在犯着这种罪恶。这真是比死还难受的痛苦啊!

闹翻天的梦幻国

3. 每个童话故事的主人公都有着自己独特的语言,能够让我们融入故事,设身处地,和故事中的人物一起欢笑,一起悲伤,更好地体会角色的心理。读一读下列语言描写,并与人物连线。

艺术要有活跃的生命、真实的力量。　　古代英雄的石像
我有特殊的地位,站得比一切都高。　　长儿
我不要买票子,只到花园里去逛逛。　　含羞草
许多人丢失的东西,现在让我给找着了。　　寻找眼泪的人

感知情节的曲折

不少童话故事情节一波三折,是反复式结构,如《老头子做事总不会错》中,<u>老头子用马换牛—用牛换羊—用羊换鹅—用鹅换鸡—用鸡换烂苹果,反反复复换东西</u>。请仿照例子选两个故事写一写。

例子:被火烤—被折断、撕碎、揉打、梳理—被裁剪—被水煮—被印刷。(《亚麻》)

_____

_____

童话与生活

很多童话故事都能给我们带来生活的启发。试着填一填,也可以根据书中的某个故事内容,自己写一写所受的

启发。

　　《古代英雄的石像》中石像轰然倒塌，所有的乱石铺成了一条马路，这个故事启示我们要_____。在以后的生活中，我们要_____。

争当"最美乐读者"

整本书读完,同学们要积极申请参加最后的阅读考评。考评分三步:

一、自导自演(讲演5~8分钟,共40分)。自主选择本学期阅读的内容进行演讲,可以请其他人给予指导或参与演出,通过精心准备,呈现最好的自我。

二、抽签讲述(讲演5~8分钟,共40分)。自己抽取题签,现场脱稿讲述。这一环节由自己独立完成。

以上两项面试的基本标准是正确、流利、有感情、有个性。每个标准的满分为10分。

三、笔试考查(共20分)。

笔试与面试总分为100分。同学们如果得到80分以上,就可以获得"最美乐读者"的光荣称号,受到表彰!